Descartes and Kant

円谷裕二 著
Tsuburaya Yuji

デカルトとカント

人間・自然・神をめぐる争い

北樹出版

まえがき

現代とはいかなる時代なのであろうか。現代において、わたしたち自身がそれとして気づくことなしにわたしたちのものの見方や感じ方さらには振る舞い方などを根底から規定したり背後から支えているものとは何なのであろうか。或る時代の全体像や意味は、その時代が過ぎ去ったあとになってようやく回顧的に浮き彫りになるものであり、その意味では現代という時代の意味や目的は、進行中であるだけに容易には見透しがたいものである。しかしまた逆に、わたしたちが実際に生きているこの現代という時代の特徴は過去という鏡に映してみることによってよりよく知られるようにもなるであろう。

本書は、デカルトとカントという近代の代表的哲学者を通して近代西洋の射程を測るとともに、より根本的には、近代哲学の鏡を通して現代哲学の射程を見定めることを意図している。したがって本書は、哲学史の通常の教科書にありがちなように、近代哲学についての既存の学説を羅列したり平均的な解釈を抽出したりすることを目指しているのではない。むしろデカルトとカントという二人の哲学者自身の言葉を現代に生きる筆者みずからの問題として引き受けながら、近代および現代の根本的な特質や背景について、哲学的にどのように考えまたどのように批判すべきかについての手がかりを得ようという問題意識から叙述されている。本書は、現代に生きるわたしたちがみずからを反省し、現代においては何が問うに値する問題であるのかを発見するために、現代とは異なる近代という過去に目を向けるのであり、それによって現代を相対化してみようとする試みである。

近代哲学は、そのうちにさまざまな見解を内包しており、それを一括りにまとめることなどはとうてい不可能ではあるが、あえて言えば、有限と無限の〈あいだ〉から人間や世界や神を捉えようとするところに近代哲学全般に共通する特徴が存すると言える。すなわち近代哲学は、人間を超越する無限者＝神の立場から人間や世界を位置づけようとする中世哲学と、無限や全体性への形而上学的志向を極力制限して領域限定的な種々の専門性や経験科学的実証性を重視する有限性の立場に立ってそこから人間や世界を均質的に認識しようとする現代哲学との、〈あいだ〉に位置している。言い換えれば、近代哲学は、わたしたちの感覚的経験を超越した絶対者の立場から人間や世界を裁断する独断論でもなければ、全体性や無限性や超越性を顧みずにもっぱら感覚経験によって検証可能なもののみに真理の基準を認める偏狭な科学的実証主義でもなく、むしろ、有限性の立場に定位しつつもそこから無限や全体性を形而上学的に志向しようとするところにその核心が存すると思われる。その意味において、近代哲学の特徴でもあり意義でもあるのは、有限と無限の〈あいだ〉に徹することにおいて、両者の葛藤ないし緊張関係を保持しながら人間や世界や神を問おうとしていることだと言えるであろう。

本書では、有限と無限の〈あいだ〉からの思考を身をもって体現しているデカルトとカントという近代を代表する二人の哲学者に焦点を絞りながら、そこから近代哲学全般の趨勢を垣間見ることが意図されている。ところで両者は、有限と無限の〈あいだ〉からみずからの哲学を展開しているという点では共通していながらも、近代哲学の前期に属するデカルトは、この〈あいだ〉に対して十分に自覚的であったとは言いがたい。デカルトは近代以前の中世哲学の伝統を強く引きずっていた哲学者であり、近代哲学の祖と呼ばれるデカルトは同時に中世哲学の批判的継承者でもあったのである。それに対して、近代哲学の後期に属するカントは、無限のみへと偏向することもなければ、狭義の有限性に埋没するのでもなく、有限と無限の〈あいだ〉に徹した哲学者だと言えるであろう。

デカルトは、一方では、人間精神を世界についての認識の第一原理に据えながらも、他方では、そのような人間精神の存在そのものの根拠を人間を超越する神という無限者に求めることによって、体系的矛盾に陥らざるをえなかった。それに対してカントは、無限者の独断的な措定をみずからの批判哲学においては堅く戒めつつ、人間理性の可能性と限界とそして形而上学的傾向性を自覚的に追究した。それによってカントは、近代の自然科学のもつ限界をもいち早く鋭く洞察し、科学的実証性を越えるもの、すなわち、世界の全体性や、理論の根底にある実践的在り方や、さらには美や芸術や宗教などへの人間の関わり方を哲学的に基礎づけようとした。カントは、無限的なものや理念的なものへの人間の形而上学的素質を容認しながら、しかもそれを、独断的立場に陥ることなくあくまでも有限者という批判的立場から考え抜くことによって、有限と無限の〈あいだ〉の思考を反省的な仕方で展開しようとした。

本書では、まず序章において、近代哲学が西洋哲学史全体の中に占める位置とその特徴について概観し、次に第一部（第一～五章）においては、デカルトの哲学を、とくに彼の主著である『省察』に即して丹念に追いながら、彼が中世の神中心の人間観や世界観とどのように格闘しながら近代の人間観や自然観の礎を形成するにいたったのかを検討している。それとともに、方法的懐疑、思惟する私（コギト）、神や外部世界の存在証明、および心身二元論といったデカルト哲学の要諦についてそれらを批判的に吟味しながら、デカルト哲学のもつ現代的意義とその問題点について考察している。

第二部（第六～十三章）においては、近代哲学を全体として完成の域にまで高めるとともに、わたしたちの生きる現代における哲学的諸問題に対して批判的な視座を提供しているカントの哲学について、それを、『純粋理性批判』・『実践理性批判』・『判断力批判』という彼の主著である三批判書を中心に論じている。もちろんその場合にも、カント哲学をたんに解説したり、その積極的意義を指摘するだけではなく、それがはらむ問題点の指摘にも十分に意を用いたつもりである。最終第十四章では、近代哲学のもつ現代的意義について、とくに、科学批判、存在論、学問以前の日常性などの観点から考察している。

目　次

凡例

一　デカルトの著作等からの引用箇所は、Adam et Tannery版（ATと略記）の巻数をローマ数字、頁数を算用数字で示し、また、訳文については『デカルト著作集（全四巻、増補復刊）』（白水社、二〇〇一年）におおむね従い、その巻数をローマ数字、頁数を算用数字で本文中に記す（例えば、ATⅦ79-80、邦訳Ⅱ101のように）。各訳者には記して感謝申し上げる。ただし、訳文については、筆者の考えや、本文での用語法および前後の文脈との整合性のために、若干訳し変えたところもある。

二　カントの著作からの引用箇所については以下のようになっている。『純粋理性批判』からの引用は、慣例に従い、ドイツ語原典の第一版（一七八一年）をA、第二版（一七八七年）をBとしてその頁数を本文中に記す（例えば、B35）。また、『純粋理性批判』以外のカントの著作からの引用に際しては、原典のテキストとしてもっとも標準的であるアカデミー版カント全集（AKと略記）の巻数をローマ数字、頁数を算用数字で本文中に記す（例えば、AKⅣ35）。『判断力批判（Kritik der Urteilskraft）』については書名をKUと略記する（例えば、KU35はKUのアカデミー版第五巻の三五頁を意味する）。
　なお、岩波書店刊『カント全集』などの邦訳にも原典やアカデミー版等の頁数が欄外に表示されている。

三　引用文中の傍点および［　］内の補足は、とくに断りのないかぎり、筆者によるものである。

デカルトとカント——人間・自然・神をめぐる争い

序章　近代哲学の特徴――有限と無限のあいだ

一　西洋哲学史の時代区分

西洋哲学の歴史を時代的に明確に区分することには困難が伴う。なぜならば哲学史においては、政治史や社会史における時代区分のように、時代を画するような歴史的事件や客観的資料による区分が不可能だからである。世界観や人間観に関わる新たな思想は、突如として発生してはただちに時代に受け入れられるようなものではなく、古い思想に対する批判として生まれながらも、しかも古い思想の影響を新たな思想の中に根強く保持し続けているものである。そのために思想の革新性がそれとして自覚され新たな時代の中に定着するまでには、以前の思想とのかなり長い混在の時期が存在するのである。

実情はそのようであるけれども、多くの哲学史家によってごく一般的に認められている哲学史の区分によれば、西洋哲学史は、古代哲学、中世哲学、近世哲学（近代哲学）、そして現代哲学の四つの時期に分けられる。すなわち、紀元前六世紀初頭に現在のトルコの西海岸のイオニア地方に始まりプラトンやアリストテレスに代表されるギリシア哲学を中心に展開された古代哲学と、ローマカトリック教会のキリスト教神学の制約下にあって、その教義をあらかじめ信仰によって受け入れながら、教義内容についての理性による論証が哲学の主な役割であった中世哲学と、十四世紀から十六世紀にかけての、古代ギリシアやローマの古典の再生に発したルネサンス期の哲学や十六世紀初頭以後の宗教改革によるキリスト教そのものに対する反省の時代を経て、中世の神中心の人間観や世界観に代わる新たな人間と世界の発見のもとに展開された近世哲学ないし近代哲学と、そしてそれに続く現代哲学という四つの区分である。

したがって近代哲学とは、十五世紀前後のイタリアに発して、その後十六世紀にかけてほかのヨーロッパ地域に広がった文芸復興の運動や、一五一七年のマルティン・ルターの宗教改革の運動に始まり、「近代哲学の祖」と称されるデカルトや、近代哲学の二大潮流である合理論と経験論を批判哲学によって総合したと見なされているカントを経て、人間の理性的精神を全体的かつ根源的な仕方で極限にまで推し進めたドイツ観念論の大成者ヘーゲルまでの思想の流れを指すのが一般的である。そうして便宜上、ヘーゲルの死（一八三一年）をもって近代哲学の一応の区切りと見なされて、それ以後現在にいたるまでの哲学が現代哲学として位置づけられている。

それゆえ現代哲学とは、十九世紀中葉から二十世紀を経て二一世紀の現在にいたる時期の哲学を意味するのであるが、そのうち、近代哲学に直接続く十九世紀の中期から後期にかけての哲学としては、ドイツにおいては、ヘーゲルの理性主義的な観念論哲学に対する批判として、ショーペンハウアーやニーチェの意志や生の哲学であるとか、マルクスに代表される唯物論哲学などが展開され、あるいはフランスにおいては近代の科学的方法を重視するコントの実証主義的哲学などが提唱され、さらにまたイギリスにおいてはベンサムの強い影響のもとに形成されたＪ・Ｓ・ミルの功利主義の哲学などが打ち出されている。

二　近代哲学の位置づけ

1　中世哲学

近代哲学がその影響下に生まれた中世哲学の時代とはどのような時代であり、また中世哲学とはどのような特徴をもっていたのであろうか。キリスト教への信仰をすべての面での中心に据えるヨーロッパ中世は、世俗的には国王を頂点とする封建社会において階級秩序や社会秩序を厳格に保守していた時代であるが、そのような政治的・社会的状況と密接に関わりながら、精神世界においては、ローマカトリック教会の聖的権威の統制のもとで、主として僧侶階級が哲学をも担いながら、哲学がいわゆる「神学の婢」としてキリスト教神学に奉仕していた時代でもあった。

したがって中世哲学は、現実世界という此岸よりも、その背後や彼方にあって現実世界を支えていると信じられていた彼岸の世界を、あるいは感性的で内在的なものよりも超感性的で超越的なものを、さらには日常の感覚的経験や論理的理性に基づく真理よりも経験や理性を越えた信仰の真理を、何よりも優先させようとしていた。

それゆえにまた、たとえ感覚的経験や論証的理性によって現実の事物の存在や本質の解明に向かう場合であっても、そのような営みはあくまでも超越者としての神の存在と本質についての教義に対する信仰を不可疑の前提にしたうえでの、つまりはキリスト教の教義に反しないかぎりでの、営みであるにすぎなかった。キリスト教神学を完成させた十三世紀のスコラ哲学は、理性に先立つ信仰によって教会の教義をあらかじめ承認したうえで、その教義を、アリストテレス哲学に依拠した哲学によって論理的に理解しようとするところにその特徴が存するとともに、またこのような仕方で、信仰と理性の、あるいは、神学と哲学の総合統一を目指していた。したがってそこにおいては哲学としての固有の営みが許される余地はなかったのである。

しかしながら中世もその末期の十四世紀頃には、唯名論的な経験主義の立場から、この現実世界というものを、教会の権威や信仰とは独立に、つまり神学を媒介にすることなく直接的に理解しようとする一連の動きが現われてきた。その結果、信仰の真理と哲学の真理は、後者が前者に従属するという仕方で調和統一されるものではなく、むしろ、両真理は互いに独立な二つの真理であるという二重真理説の立場が打ち出されるにいたる。ことここにいたって信仰の真理とは異なる哲学独自の真理とはそもそも何であるのかという問題や、哲学の真理そのものに定位した世界観や人間観とはいったい何であるのかという問題が、哲学に固有の問題として意識され始め、それとともに哲学の方法や哲学の対象についてあらためて自覚的に問い直そうという機運が芽生えてきた。

2　ルネサンスの哲学

近代哲学の勃興期にあたる十五世紀から十六世紀にかけてのルネサンス期は、ヨーロッパ近世の幕開けの時期として、超越的な神を中心としたそれまでの中世哲学における人間観や世界観とは異なって、自立的で主体的な人間の発見ないし再発見の時期である。それとともにルネサンス期は、このような新たな人間観と連動する仕方で、世界や自然についても神学の束縛によることなく人間自身の経験と理性に依拠しながらそれらをあらたに捉え直そうとし、それによって近代哲学の盛期につながる世界観や自然観や宇宙像が生まれてきた時期でもあった。こうして人間および自然や世界を神学的教義の桎梏から解放し、創造者としての超越神によって創られた被造物としての人間や自然ではなく、人間が主体的にみずからの経験と理性をもって自己自身を反省し、また人間のそのような主体的自己反省に基づいて世界や自然をもあらたに捉え返そうという動きが起こってきた。

ルネサンス期の特筆すべき歴史的出来事としては以下のようなものを挙げることができる。例えば、前述したような、中世以前の古代のギリシア・ローマの古典の再発見による人文主義の運動であるとか、ルターやジャン・カルヴァンに代表されるようにローマカトリック教会の権威や世俗化に抵抗しながら、聖書に直接接することによって信仰の純粋性を回復しようとする宗教改革の運動であるとか、あるいは、活版印刷術と火薬と羅針盤という三大発明に代表される種々の技術的発明であるとか、大航海時代における新たな大陸の発見であるとか、さらには封建的な社会組織から資本主義や近代国家への胎動などである。

しかしながらこれらの出来事もさることながら、近代以前の歴史を根本的に揺るがすとともに、ヨーロッパ近代に限らず全世界的な規模において現代までをも根底から規定することになったのが、科学史のうえでの大革命である近代自然科学の誕生であった。人類史および世界史の観点から見た場合には近代科学のこの勃興こそが、何よりも特筆すべき大事件として挙げることができるであろう。

これらすべての出来事の背景のうちには、現実の人間や世界を超越した神という存在を一応は容認しながらも、しかしながらそれによっては直接的に規定されることなしに、人間がみずからの理性と経験に基づいて現実世界に直接に立ち向かうという近代哲学の基本的態度が存していることを、われわれは十分に見て取ることができるであろう。こうして近代初頭のルネサンス期の思想的特質として、新たな人間や世界の発見という、新時代を画する特徴を見届けることができるのである。

3 経験論

ルネサンス期における主体的で自立的な人間の発見や、そのような人間の立場からあらたに捉え直された自然観や宇宙像の形成が次第に自覚的に反省されるに従い、十七世紀から十八世紀中葉には近代哲学の二つの潮流として、イギリスを中心とした経験論の哲学とヨーロッパ大陸（とくにフランス、オランダ、ドイツ）における合理論の哲学が登場した。

経験論は、フランシス・ベーコンやトマス・ホッブズを先駆としながら、ロック、バークリ、ヒュームを経てイギリスに固有の哲学（イギリス経験論）として確立されるにいたった。

経験論によれば、外的世界についてのわれわれの知識のすべては感覚的経験に基づいて与えられるのであり、したがって外界の知識の成立にとっては感覚から区別される知性や理性の働きは重要な役割を演じないことになる。ロックは『人間知性論』において、合理論者デカルトの本有観念説[1]を厳しく批判し、経験論を哲学的立場として明確に打ち出すことになる。彼によれば、一切の観念は感覚的経験を起源とするがゆえに、人間の心の内には生まれながらに具わっているような本有観念などはありえず、したがってまた知性とは経験以前には何も刻まれていない白紙のようなものである。

ところで留意すべきこととして、経験論のみならず合理論をも含めた近代哲学全般に共通した見方として、いやそれどころか、古代ギリシア以来の西洋哲学に通じる見方として次のような考え方が一般的である。すなわち感覚的経験とは、一般的・普遍的な事柄に直接関わる経験ではなく、個別的で特殊な事柄についての経験だという考え方がそれである。つまり特殊性と普遍性を峻別して、感覚経験には特殊性の役割しか認めないという見方であり、特殊と普遍がともに含まれるような特殊的普遍としての感覚や知覚の在り方に気づかなかったという、非常に制約された考え方である。眼前の個物やその性質を感覚するためにはその個物や性質を図とする背景的地平や一般的雰囲気があらかじめともに前提されていなければ不可能であるにもかかわらず、当の個物やそれに付属する性質だけがあたかも虚空の中で感覚されうるのだという歴史的に根強い偏見である。

感覚に対するこのような偏見がプラトン以来の西洋哲学にはたしかに残っているのだが、しかしながらまた、例えば、原因と結果の結合（因果関係）に関する知識であるとか、数学についての知識などのように、個別性を越えて一般的に妥当する知識をわれわれが実際に持ち合わせているのも厳然たる事実である。するとここにおいて、このような一般的な知識がどのようにして成立しうるのかという問題が近代哲学にとっての重要な問題として迫ってくることになる。とりわけ特殊な感覚的経験をすべての知識の源泉だと見なそうとする経験論にとっては、この問題はまさに死活問題だと言えよう。

この問題に関しては、一般的な知識としてどのような知識を具体的に念頭に置くのかに応じて経験論者のあいだでも意見の分かれるところであるが、例えば、ロックに続くバークリによると、一般的な知識とは、合理論者が考えるように感覚的観念と無関係にはじめから知性や理性のうちにそれ自身として与えられている知識ではなく、あくまでも或る特定の個別的観念がその個別性を保持しながらほかのさまざまな個別的観念を「代表する」という仕方において成立する知識にすぎない。「一つの観念は、それ自身として考えれば特殊であるが、同じ種類のほかのすべての［特殊］観念を表示する（represent）ないし代表する（stand for）から一般的（general）なのである」[2]。さらにまた経験論は、感覚的経験の個別性や特殊性に知識の根拠を求めるという基本的姿勢を維持しながら、「存在するとは知覚されることである」[3]というバークリの言葉から窺われるように、外的対象の存在さえをも経験からのその独立性を否定して、主観の知覚経験にその根拠を求めようとしている。

さらにヒュームにおいては、経験論の立場がよりいっそう徹底されて、感覚経験する心そのものさえもが、流動的な単なる「知覚の束」[4]にすぎないものと見なされ、外的事物の存在のみならず、精神の存在までもが感覚的経験に還元されてしまう。またヒュームにおいては、外的世界の認識にとっての基本的原理である因果性の観念に関して、原因と結果の結合が、伝統的に考えられてきたようにけっして必然的な観念なのではなく、むしろ原因の経験と結果の経験の繰り返しによる習慣的な結合から形成された信仰にすぎないと看破されるに及んで、自然科学における自然認識の絶対的な必然性が否定されることになり、したがって懐疑論が帰結することになる[5]。

以上のように、経験論は感覚的経験に基づいてわれわれの知識の可能性やその限界を解明しようとする立場であり、したがって経験論の立場に立つかぎり、われわれは経験を越えたものについては何らの知識をももちえないはずである。しかしながら経験論者でさえも、さまざまな局面において、経験を越えたものを容認せざるをえなかった。例えば、ロックは、直接に感覚できない物体的実体や精神的実体を暗黙裡に前提したり、神の存在を感覚的経験とは異なる論証的知識に帰せしめており、またバークリは、物体的実体を感覚的観念に還元しはするものの、精神の実体性や神の心は観念とは異なるものとして認めている。

このように人間のすべての領域にわたる知識を経験論の立場のみからは説明し尽くすことができないということは、別な角度から見れば、人間とは、たしかに感覚的経験を知識の大きな源泉とする存在ではあるが、しかし他方では、知識は感覚的経験のみから成立するのではないこと、また人間は感覚的経験を越えたものへとたえず向かおうとする本来的で自然的な素質をもつ存在だということを、皮肉にも経験論自身が反面教師的にわれわれに教えてくれているとも言えるかもしれない。この意味において近代哲学の有力な立場の一つである経験論自身が、感覚の有限性に徹することなく、むしろ、有限と無限の〈あいだ〉に身を置いていたとさえ言えるであろう。

4　合理論

デカルト、マールブランシュ、スピノザ、ライプニッツに代表されるヨーロッパ大陸の合理論は、認識や道徳の原理を、経験論のように感覚的経験や快不快の感情に求めるのではなく、生まれながらにしてあらかじめ人間の心の内に具わっている理性の働きに求める立場である。また合理論は、哲学の方法としては、個々の経験からの抽象化によって一般的な知識や法則に達するという帰納的方法に依拠するのではなく、逆に、数学を範とする厳格な演繹的推論を重視する。つまり合理論は、個別から普遍にいたるのではなく、あらかじめ有する普遍的原理に基づいて現実的で個別的な現象を説明しようとする。

かくして合理論は、自然の認識に関しては、ケプラー、ガリレオなどの数学的自然科学の成果を視野に入れながら、自然を、因果必然的に認識される客観と見なす機械論的自然観を積極的に打ち出すにいたる。アリストテレスの生物主義的自然観をキリスト教神学の立場から換骨奪胎した中世のスコラ哲学の目的論的自然観に代わって、近代の合理論者は、自然に関して、数学的に表現される法則によって認識される機械論的自然観を基礎づけようとする。しかも、とくにデカルトに窺われるように、自然が数学的に認識されるのは、あくまでもあらゆる認識の第一原理としての理性的自我が、物体的世界の本質を幾何学的延長として知性的に理解しうることに基づいている。つまりデカルトは、自然の合理性ないし機械論的法則性の根拠を人間理性のうちに求めることにより、主観としての精神と客観としての物体との二元論を確立したのであるが、それのみならずそのような人間理性による自然法則の発見は、同時に人間による自然の技術的な支配という、近代のみならず現代にも通じる自然観に道を開くことにもなっている。

しかしながら他方、合理論者たちは、自然に対する人間理性の優位を説きながらも、人間理性そのものの存在の根拠を、中世哲学とともに依然として人間を超えた神に求めようとした。

例えば、デカルトは精神と物体のそれぞれを有限実体と呼び、それらを無限実体である神に依拠せしめたし、マールブランシュは、認識とはわれわれの心が神に照らされることにより可能になるのだと考え、「われわれはすべてを神の内に見る」という有名な言葉を吐いている。スピノザは、キリスト教の超越神とは異なるが、自己原因としての神のみを唯一の実体として認め、人間の精神現象も物質現象もこの神の本性からの必然的帰結であるという決定論の立場を打ち出しており、またライプニッツは、デカルトとともに自然を機械論的なものと認めながらも、その根底に精神的で能動的な無数の単子を置き、しかもそれら単子間の予定調和の究極的な根拠を神に求めた。

以上のように、合理論は、理性の能力に信頼を置くことによって、懐疑論に陥った経験論とは異なり、人間が必然的で確実な認識をもつことを認めるのであるが、それとともにそのような理性の立場を最終的に保証するものとして神の存在を積極的に定立する。こうして合理論は、神と人間と世界のあいだに形而上学的な体系性を構築し、全体を論理的に一貫したものとして捉えようとする独断的な傾向が強い。このかぎりにおいて合理論の思想は、理性と神、哲学と宗教との調和にこそその基本的課題があったと言える。

合理論のうちには、近代の数学的自然科学の影響とともに中世哲学の影響もまた色濃く残っている。合理論が神という独断的な絶対者の視点から解放されて、人間理性に全幅の信頼を寄せるまでには時代も思想も十分に熟してはおらず、十八世紀半ばの啓蒙主義の時代を経て、そのあとに続くカントやドイツ観念論をまたねばならなかった。

三　近代哲学と機械論的自然観

近代の幕開けの時期に位置するルネサンスや宗教改革は、その後の人類全体の歴史的展開という観点から見ると、かならずしも世界史的な出来事だとは言いがたい。というのも、ルネサンスはギリシア・ローマの古典の再興を通して、神中心の中世キリスト教社会に対する批判的視座を提供したという点においては、あくまでもヨーロッパ史という枠内における人間観や世界観の変化にとっての意義しかもたないからであり、また宗教改革は、キリスト教という特定の宗教内部での改革運動にすぎないからである。ところがそれに対して、十六世紀半ばから十七世紀末にかけての近代自然科学の成立は、すなわち、コペルニクスの地動説、惑星運動に関するいわゆるケプラーの三法則、ガリレオの落体の法則や望遠鏡を用いての天文学上の発見、そしてニュートンの万有引力の法則の発見などに代表される物理学や天文学における近代の数学的自然科学の成立は、近代科学の技術的応用としての十八世紀後半からの産業革命と相まって、ヨーロッパという一地域や近代という一時期に限定されることなく、地球規模での革命的変化を招来し、その後の世界史と現代史の展開を大きく左右する歴史的大事件であった。

このような人類史的意義をもつ近代科学が、西洋の近代哲学にも強い影響を与えたのは言うまでもない。しかしながら他方で哲学は、近代科学によって一方的に制約されるだけではなく、近代科学を哲学的に基礎づけることによってそれを相対化し、ひいては科学そのものの限界を見据えることによって科学に対して批判的視座を提供することにもなる。このように哲学は、近代に生じた科学を批判しうるだけの長い伝統をみずからのうちに宿していることもまた事実である。[6]

それでは、近代の自然観や人間観の形成にとって近代科学の果たした役割とは何であり、また逆に、哲学は近代という一時期に生まれた近代科学の可能性と限界をどのように位置づけようとしているのであろうか。以下において、これらの問題を考察する手がかりを得るために、西洋哲学史における自然観の変遷を辿りつつ、哲学と近代科学の関係について一瞥することにしよう。

いつの時代であれ哲学は古来より基本的には三つの対象をめぐって展開されてきた。すなわち、自然と神と人間がそれである。しかもこれら三つの対象が相互にどのように関係させられるのかに応じて、哲学史は、古代哲学、中世哲学、近世哲学に大きく分けることができる。それぞれの時代におけるこれら三つの対象の相互関係の相違に注目することによって、近代における機械論的自然観の特徴を際立たせてみよう。

自然という言葉は、西洋においては、ギリシア語のピュシス（physis）を語源としており、それがラテン語においてナトゥラ（natura）と訳され、その後、英語のnatureやドイツ語のNaturにいたっている。ピュシスとは、古代ギリシアにおいては、元来は〈ものの真実のあるがままの姿〉を意味し、そのあるがままの姿とはまた、ものが生成して消滅してゆく姿のことであり、アリストテレスの定義によれば「みずからのうちにそれの運動の原理をもつもの」のすべてを意味する。しかもアリストテレスにとってはそのような自然のうちには、たんに動物や植物などの生物のみならず無生物も含まれていた。つまり自然とは一般に、それ自身の内に生成変化の原理を有するものとして生命的なものと見なされていたわけである。この点において古代ギリシアの自然観は、近現代の死せる無機的な自然観とは明らかに異なっている。しかもまたこのような有機的自然のうちには、人間のみならず神々も含まれている。つまり古代哲学において自然とは、人間や神々をも包括する生ける全体なのである。

古代ギリシアのヘレニズムに基づくこのような自然観に対して、古代ユダヤ教のヘブライズムに由来する中世のキリスト教神学においては、造物主としての神と被造物としての人間や自然とのあいだには絶対的な区別がもうけられ、神は、人間や自然を超越した絶対的無限者として位置づけられている。しかも種々の被造物のうちではとりわけ人間は「神の似像」として特権的な地位を与えられることになる。「神は、人間を祝福して言われた、生めよ、増えよ、地に満ちよ、地を従わせよ。また海の魚、空の鳥、地に動くすべての生き物を支配せよ」という旧約聖書『創世記』の言葉から窺知されるように、人間は、人間以外のさまざまな動物や植物を支配することを神によって命じられているものなのである。つまり〈人間による自然の支配〉という近代の科学技術に基づく構図は、すでに中世哲学の神学的世界観によってその下図が描かれていたわけである。このように中世哲学においては、神と人間と自然という三つの対象は厳然たる階層秩序のもとに相互に関連づけられていた。しかしまた同時に中世における自然観は、アリストテレスの生物主義的自然観の一面をも引き継ぎながら、自然物の運動変化をそのうちに内在する霊魂の「実体形相」や「隠れた性質」によって捉えるという目的論的自然観の観点に立っていた。

近代ヨーロッパにおいてこそ数学的自然科学が成立しえたのは、東洋的な自然観とは異なって、ヨーロッパ中世におけるこのような人間観や自然観を背景に宿していたからだと言えよう。というのも、近代自然科学は人間が主体となって自然を対象として客体化することをその本質とするが、それはまさに、人間が自然の外部に位置する神のごとき立場から自然を客観視しながらそれを支配するという構造をもっているからである。

しかしまたそのような中世の自然観の影響を受けながらも、他方において中世の自然観のうちには見出せない近代特有の自然観の側面とは何かと言えば、それは、「自然という書物は数学の言葉で書かれている」というガリレオの考え方にあるように、自然を、法則によって合理化される単なる数学的対象と見なすことに存している。人間主観は、自然を数学的に計量可能な機械論的対象として表象することによって、自然から、生命的なものはもちろんであるが、さらには色とか臭いや肌触りなどの人間的感覚をも取り除き、自然を因果必然的な無機物と捉えるのであり、かくして近代のみならず現代にも通じる機械論的自然観が成立することになったのである。

このような近現代の機械論的自然観は、たんに自然を客観的に認識するという理論的営みにとどまらずに、人間による自然支配というキリスト教の実践的思想をも背景にしている。フランシス・ベーコンの「知は力なり」という言葉にあるように、科学的に自然を認識することは、同時にまた自然を技術的・実践的に利用し支配するという技術支配的自然観にもつながっているのである。

近代の自然観が、理論的には数学的・機械論的であるとともに、実践的には技術支配的であるという以上のような特徴は、近代科学の二つの方法論的特徴を反映したものでもある。すなわち近代科学は、一方では、数学を重視することによって自然を法則化し合理化するとともに、他方では、その法則を実験によって経験的に検証したり、あるいは自然を操作するという側面をももっている。しかもこの二つの特徴が近代哲学における二つの流れである合理論と経験論の立場を内包していることも容易に察せられるであろう。つまり近代の科学技術は、哲学的に見れば、経験論と合理論の双方の立場を総合したものだと見なすことができるのである。

四　近代哲学の現代的意義――有限と無限のあいだ

以上のように、近代哲学を、現代にいたるまでの西洋哲学の歴史全体の中に位置づけながら眺めてみると、近代哲学の基本的特徴として有限と無限の〈あいだ〉ということが際立ってこよう。

　近代哲学は、一方では、キリスト教神学を中心にして世界や人間を規定しようとした中世哲学と、他方では、十八世紀の啓蒙主義の時代を経て超越的な神の桎梏から完全に脱して神の代わりに人間を自覚的な仕方で世界の中心に据えている現代哲学との〈あいだ〉に位置づけることができる。その意味においてはたしかに近代哲学は現代哲学への過渡的段階だと言えなくもない。しかしながら他方では、近代哲学をこのように現代哲学への単なる橋渡しとして消極的に捉えるのみではなく、近代哲学におけるまさにこの〈あいだ〉としての位置こそが、実のところ、近代哲学自身の独自性と現代哲学に対する批判的視座を提供する所以でもあることを、われわれはここで十分に確認しておく必要がある。

　すなわち近代哲学は、無限者と有限者、無条件的絶対者と被条件者、超越者と内在者、神と人間、彼岸と此岸などの対立する両項の〈あいだ〉にあって、両項のいずれか一方に偏することなく、その両項の緊張関係の中でこそその哲学を展開しているところに、その固有の意義が存すると言える。つまり中世哲学のように、信仰を通して超越者としての神に身を委ねてしまうことによって、人間存在の意義や自立性を軽視することなく、しかしまた逆に、現代におけるように、無限や全体や超越への志向を忘却して単なる科学的実証性という有限の立場に徹することもないという点にこそ、近代哲学の独自性を見届けることができるのではないだろうか。

　しかも人間とはそもそも何であるのかということについて思索をめぐらしてみると、人間とはみずからの知性や技術力に全幅の信頼を寄せて、自然を対象化してそれを将来にわたって技術的に支配できるほどの超絶した洞察力をもちうるような存在でもなければ、しかしそうかといって人間は、みずからを超越するものを独断的に立てることによってその超越者に闇雲に跪くほど自己の存在に無自覚でもない。そうであるかぎり人間とは、無限者でないのはもちろんであるが、しかしまた科学的実証性のみを絶対視するような有限者でもなく、むしろ、無限への志向をもつ有限者、有限と無限の〈あいだ〉の存在であり、その意味において内在的超越者ないし超越的内在者だと言えるのではあるまいか。

現代哲学がさまざまな隘路や危機に陥っている理由の一つとして、科学技術の万能を過信しすぎることによって〈あいだ〉の存在としての人間の在り方をまったく看過していることがその大きな一因であるように筆者には思われてならない。近代哲学に固有なこの〈あいだ〉の意味をあらためて考えてみることは、たんに現代哲学への媒介としての近代哲学への歴史的興味によるものではなく、より積極的な意味においては、現代哲学そのものを相対化することによってそれのもつ問題点や限界を批判するとともに来るべき哲学の有り様を模索するうえにおいてぜひとも必要なことであろう。

注

（1）デカルトの本有観念については、本書第二章の注（2）を参照されたい。
（2）ジョージ・バークリ『人知原理論』「序論」第十二節。
（3）ジョージ・バークリ、前掲書、「本論」第三節。
（4）デイヴィド・ヒューム『人性論』第一篇第四部第六節。
（5）ヒュームの因果性についての考え方がカントに与えた大きな影響については、本書第六章を参照されたい。
（6）近代科学の限界とそれを超える視座の提供という論点については、本書第七・九・十一章を参照していただきたい。

第一部　デカルト

第一章　方法的懐疑

一　哲学の方法

デカルトによれば哲学とは、そのギリシア語原語（philosophia＝philia 愛求＋sophia 知恵）の字義通りに「知恵の探求」である。その「知恵」を一本の木にたとえれば、その根は「形而上学」、幹は「自然学」、枝は「機械学」「医学」「道徳」の三本に分かれる（『哲学原理』ATⅨ14、邦訳Ⅲ25）。これらの諸学問からなる広い意味での哲学は、けっして知識の単なる寄せ集めではなく、確固とした原理に基づく体系的統一をもたなければならない。そのためにはまず何よりも哲学の方法の確立が要求される。なぜならば知恵を導く「良識（bon sens）〔＝理性（raison）〕はこの世のものでいちばん公平に配分されている」（『方法序説』ATⅥ1、邦訳Ⅰ12）とはいえ、真理を探求するためにはその理性を正しく用いるための方法が必要だからである。

デカルトが少年時代に自由な雰囲気の中で学んだラ・フレーシュの学院の教育は、アリストテレス哲学に基づいたキリスト教神学としてのスコラ哲学と、現実の中に生きる人間を重視するルネサンス期以来のユマニスム（人文主義）とであったが、それらによっては確実な知識が得られないとデカルトには思われた。アリストテレスの論理学、とくに形式論理学としての三段論法は、既知の真理の説明には役立つが新たな真理の発見のための方法ではなく、他方ユマニスムは、文学的修辞を用いて人生や道徳について語りはするが、それは確実な認識を与える方法に基づくものではなかった。そこでデカルトは、有用にして確実な知識を獲得するために新たな方法、つまり「[論理学と解析学と代数学という]これら三つの学問の利点を含んでいながら、その欠点を抜きにした、何かほかの方法」を求めて、次の四つの規則を提示した（『方法序説』ATⅥ18–19，邦訳Ⅰ25–26）。

第一に、速断と先入観を避け、「明晰」かつ「判明」に私の精神に現前するものだけを真理として受け入れること。なお「明晰（clair）」とは注意する精神に現前しかつ明示されていることであり、「判明（distinct）」とは明晰であるとともにほかのあらゆる知から分離され区別されていることである（『哲学原理』ATⅧ22，邦訳Ⅲ56–57）。第二に、吟味されている問題を理解に必要なだけの部分に分割すること。そして第三に、もっとも単純で認識しやすいものから始めて、段階を踏んでじょじょにもっとも複雑なものの認識へといたること。そして第四に、認識の各段階に見落としがないと確信できるほどに、完全な枚挙と全体の見直しをすること。

このような方法的自覚のもとにデカルトは、知恵の探求（哲学）を推し進めようとしたのであるが、しかし方法が確立されただけではいまだ確実な知識を得るには不十分である。そのためには「第一原因すなわち原理の探求から始めなければならない」（『哲学原理』ATⅨ2，邦訳Ⅲ16）。哲学の第一の原理が見出されてこそ、それに基づいてあらゆる学問の基礎づけが可能になるからである。

二　方法的懐疑

1　懐疑の遂行

哲学の第一原理は、絶対に真でなければならず、絶対に真なるものはいかなる点でも疑いえないものでなければならない。疑うことを通して、完全に疑いえないものとは何であるかを探求し、それによって疑いえぬ原理を見出そうとすること、このことがいわゆる「方法的懐疑（doute méthodique）」と呼ばれるものである。

それは、「もろもろの学問において堅固で朽ちることのないものを私がいつかは定着させたいと願うならば、一生に一度は、すべてを抜本的に覆してしまって、最初の土台からあらためて始めなければならない」（『省察』ATⅦ17, 邦訳Ⅱ29）という決意のもとに、彼がこれまでに疑いえない信念とか習慣として受け入れてきたさまざまな意見に対してさえも「一生に一度は」疑ってみるという一種の思考実験であり、またそれは、あくまでも絶対的な真理の自発的探求にこそその目的があった。その意味ではデカルトの懐疑は、「疑うためにだけ疑い、いつも不決断でいようとする懐疑論者」（『方法序説』ATⅥ29, 邦訳Ⅰ35）の懐疑とは区別されなければならない。

デカルトの懐疑は、「感覚」や「想像」などの感覚的で個別的な知識のみならず、覚醒時の経験全体という全般的な感覚知にも向けられ、それどころかさらには数学に代表される理性的知識にまでも及んでいる。

すなわち、例えば遠方の四角い塔を丸いと見間違うことがあるように、感覚がときとしてわれわれを欺くことがあるという理由から、感性的知の一般的な可疑性が表明され、次に、夢の中で夢を見ている場合にはその夢から醒めてもやはり夢の中にいるにもかかわらずわれわれは目醒めていると思い込むことがあるように、そもそも夢と覚醒時を区別する確実な徴表がないという理由から、夢ではなく現実だと思いなされている覚醒時の感覚的知識全般への懐疑が遂行される。

ところが、算術や幾何学などの理性知は、感覚知とは異なり、「もっとも単純でもっとも一般的なもの」（『省察』ATⅦ20, 邦訳Ⅱ32）にだけ関わりしかも現実的存在との対応を度外視しうるから、確実で不可疑な知だと見なされがちである。夢の中でも二と三の和が五になるのは絶対に確実であろう。しかしデカルトによると、このような理性知でさえも、そのつど「邪悪な霊（genius malignus）」あるいは「欺く神」によってそう思い込まされているかもしれない。こうして「誇張された懐疑」（『省察』ATⅦ89，邦訳Ⅱ111）の刃を向けることにより、理性知さえもが確実な知識とは見なされなくなってしまう。

かくしてデカルトは、以上のような方法的懐疑の結果、ついには「私は思惟する、ゆえに私はある」（『方法序説』ATⅥ32，邦訳Ⅰ39）という真理を「哲学の第一原理」として発見するにいたるのである。

2　方法的懐疑の特徴

一般的に言えば、哲学の方法とその方法によって得られる哲学の原理（デカルトにおいては「私は思惟する、ゆえに私はある」という原理）とは密接不離であり、両者はいわば表裏をなしている。そのかぎりにおいてデカルト哲学の方法としての懐疑的方法は、おのずからデカルト哲学の原理をも制約することになる。したがって懐疑的方法についてその特徴や意義を検討することは、同時に、次章で詳論するように、「私は思惟する、ゆえに私はある」というデカルト哲学の第一原理の特徴と意義を浮き彫りにすることにもなる。

デカルトの方法的懐疑の特徴として、以下のようにいくつかのことを指摘することができる。

(1)　まず第一に、「ほんの少しでも疑いをふくむと想像されるおそれのあるものはみな、絶対に間違っているとして退けるのが必要である」（『方法序説』ATⅥ31，邦訳Ⅰ38）。しかもそのような「[誤った]意見の全面的転覆」（『省察』ATⅦ18，邦訳Ⅱ29）のためには、一つ一つの意見を全体にわたって吟味する必要などはなく――というのも、そもそもすべての個別的な意見なり感覚的経験なりを通覧して網羅するのは元来不可能なことでもあるから――、むしろ「それらの意見のすべてを拒斥するのには、そのどれか一つのうちに何らかの疑いの理由を私が見いだしさえすれば、それで十分である」（『省察』ATⅦ18，邦訳Ⅱ30）。感覚的経験が或る個別的事例に関してときとして疑わしい場合に、デカルトは、そこから一挙に感覚的経験のすべてがつねに疑わしいのだと見なして議論を進めてゆく。つまり個別的事例をただちに一般化してしまうことによって「全面的転覆」を計ろうとするのが、デカルトの方法的懐疑の特徴の一つだと言えよう。

デカルトの懐疑は、感覚や想像による個別的な感性知であれ、覚醒時の個別的経験であれ、さらには数学における或る特定の認識（例えば三角形の内角の和は二直角であるという知）であれ、個別知に対する懐疑から、一度でもわれわれを欺いたことのある知に関してはその知と同種類のすべての知を、つまり感性的な知一般、覚醒時の経験一般、理性的な知一般を、可疑的だとして退けようとする態度で遂行されている。

例えば「夢の仮説」においては、夢と現実を区別する確実な徴表がないことを理由にして、感性的な知の全体へと懐疑の目が向けられている。すなわちデカルトは、誤りかいなかの判定基準が存在しうるような、特定の感覚経験や特定の夢についての懐疑にとどまらずに、そこから一挙に包括的に、覚醒時のこの感覚的世界全体が、絶対的真実の世界なのかどうかを疑いうるのだと見なそうとする。このように、特定の感覚経験の誤りから感覚的世界全体の可疑性へと一挙に向かうところに、デカルト哲学の方法としての懐疑の特徴がある。それというのもデカルトが目指すところはあくまでも、一点の曇りもないような真理の発見にこそあるからである。

しかしながら、このような包括的で全体的な懐疑が可能なのだという考え方にこそ、デカルトの方法的懐疑の、ひいてはデカルト哲学の原理そのものの、大きな問題点も存していると筆者には思われるのであるが、この点については、次章の第三節においてふたたび取り上げることにしよう。

たしかにデカルトは、覚醒時の感覚的世界全体が偽りの世界であると断定しているわけではなく、あくまで「夢の仮説」を試みることによって現実の世界全体が偽りの世界であるかもしれないと語っているにすぎない。ということは逆に、この現実の世界は夢ではなく真実の世界であるかもしれないとデカルト自身が考えていたことにもなろう。要するにデカルトは、個々の事例のみならず、覚醒時のこの感覚世界全体が、絶対真実の世界なのかどうかの確実な判定基準などはありえないのだと語っているのである。というのも、その判定基準があれば、覚醒時の世界全体に関して、それが夢の世界かそれとも夢の世界ではないのかを決定することができることになり、そうなれば「夢の仮説」は成立しえなくなるからである。

(2)　第二に、哲学的・理論的な省察とは異なり、行動に猶予が許されない実践的生活の中では、習慣上から正しいと信じて行動せざるをえない意見や事柄（例えば、私がいま机の前に座っていること、服を身につけていること、身体をもっていること、大地や天空が存在すること等々）に関してさえも、デカルトは、厳密な哲学的認識の立場からことさら懐疑の目を向けるのであるが、このようにデカルトの方法的懐疑はきわめて厳格な認識論的態度によって貫かれている。言い換えればデカルトは、懐疑の遂行という〈哲学的立場〉と習慣上の信念に基づく〈日常の実践的行動〉とが截然と区別できるのだという前提のもとで、懐疑を遂行しているわけである。

しかしながらここには、「独り自然の光［＝理性］の介助のみによって認識される思弁的真理」と、「信仰、あるいは実生活、に係わる事柄」（『省察』AT Ⅶ15. 邦訳Ⅱ24）とのあいだの、さらにはより一般的に言えば、厳密な哲学と日常性とのあいだの、微妙なせめぎ合いという、デカルト哲学の、ないしデカルトという人間の、いやそれどころかデカルトに限らず哲学一般の、根幹に関わる重大な問題が潜んでいる。なお、この点については本書第五章において詳しく論究するつもりである。

(3)　第三の特徴は、懐疑の遂行の三段階の過程から窺い知れる知識の確実性の程度に関することである。デカルトは、懐疑を段階的に遂行しながら、その当時のみならずそれ以前の中世哲学や以後の近世および現代の哲学にわたっても、知識のうちでもっとも確実と見なされている数学的知識に対してまでも、「欺く神の仮説」の想定によって懐疑の刃を向けるのであるが、その段階的な懐疑の遂行の過程のうちに、知識の確実性の程度についてのデカルトの体系的考え方を読みとることができる。すなわち、確実性の一番低いのは感覚的で個別的な知識であり、次は、覚醒時の経験全般であり、そして最後が、覚醒時と夢との別なく、したがって外的世界の存在・非存在には関わらない数学的な理性知である。このようにデカルトは、対象知に関しては、数学的知識を頂点とする知識の体系を想定していたと言えよう。

ところでなぜ数学知がもっとも「確実にして不可疑」(『省察』AT Ⅶ20, 邦訳Ⅱ32)であるのかと言えば、それは、数学知においては演繹推理という論理的方法が採用されているからだという理由はもちろんなのであるが、しかしそれのみならず、デカルトによれば、数学は物体(自然界)の存在・非存在には関わらない知だからである。自然界の存在を考慮の外に置けるかどうかが、知識の確実性の程度を決定的に左右するのである。したがって自然界の存在を考慮に入れざるをえないようなすべての知識、例えば「自然学、天文学、医学」(同上)などの諸学問や、あるいは学的知識には達していないが外的物体と関わる感覚的知識は、不確実で可疑的だということになる。こうしてデカルトにとっての確実性とは、外部の存在を考慮の外に置くこと、あるいは、外部の存在を遮断し排去すること、さらに言えば、外部の存在について判断中止(エポケー)すること、によって獲得されるのだということになる。

確実性がこのような意味で理解されるかぎりは、方法的懐疑の遂行の果てに辿り着くはずの疑いえないものとはどのような性格をもつものでなければならないのかということも、おのずから予想できるであろう。つまり少なくとも言えることは、確実なものとは、外部の存在を考慮の外に置くという性格をもつものだということになる。かくしてデカルトの懐疑的方法が招来した帰結とは、内部の知識と外部の存在の峻別、および外部の存在の可疑性に対する内部の認識の不可疑の確実性ということであったと言えよう。

(4)　第四に、しかしながら、確実性の性格を以上のように捉える場合に一つの疑問が生じてこざるをえない。というのもデカルトは、外的世界の存在のエポケーにおいて成立する数学に対してさえも懐疑の目を向けているからである。数学的認識は「あらゆる真理のうちでももっとも確実なもの」(『省察』AT Ⅶ65, 邦訳Ⅱ86)であるとはいえ、デカルトはそれさえをも「欺く神の仮説」によって可疑的だと見なすのである。

それではなぜデカルトは、伝統的にもそしてまたデカルト本人ももっとも確実だと信頼を寄せる数学的認識までをも疑いうるものなのだと考えたのであろうか。

この疑問に対する解答の鍵は、例えば、六つの「省察」からなるデカルトの主著『省察』の「第六省察」の次の言葉に示唆されているように思われる。


少なくとも明晰かつ判明に私の知解するところのすべてのもの、言い換えるなら、純粋数学の対象のうちで把握されるところの、一般的に観られたすべてのものは、それら物体的な事物のうちに［実際そのとおりに］あるのである。（『省察』ATⅦ80、邦訳Ⅱ102、ただし［　］内は白水社訳の補足、強調は筆者）

つまりデカルトが物体の存在をエポケーすることによって数学の確実性と不可疑性が成立するのだと語る「第一省察」での懐疑の遂行の段階では、実のところ、いまだ数学の真の確実性が成立していないのであり、その段階での確実性は、いわば暫定的な確実性にすぎないのである。そうであるからこそデカルトは、この段階における数学を「欺く神」の想定によって疑うことができたのである。そしてまた数学の確実性への疑いが取り払われ、数学が真の確実性を獲得するためには、上記の「第六省察」の言葉からわかるように、「欺く神」ではなく誠実な神の存在の証明（「第三、第五省察」、本書第三章）と物体の存在の証明（「第六省察」、本書第四章）を待たなければならないのである。つまり「欺く神の仮説」が神の誠実さによって克服され、また誠実な神によって物体の存在が証明される「第六省察」にいたってはじめて、数学に関して、暫定的な確実性ではなく真の確実性が保証されるようになるのである。

三　方法的懐疑の問題点――「夢の仮説」に即して

1　夢と覚醒

デカルトは「夢の仮説」によって覚醒時の経験をも懐疑にかけるのであるが、そもそも夢とはいかなる経験なのであろうか。また夢と覚醒時の経験とはどのように関係し、どのように異なっているのであろうか。デカルトの「夢の仮説」は、はたして覚醒時の経験の可疑性を確証したことになるのであろうか。以下においてはこれらの問題を考察することによって、デカルトが方法的懐疑においてどのような哲学的課題をわれわれに突きつけることになるのかについて明らかにしてみたい。

さて、この現実世界ないし現世は、夢まぼろしのごとき仮の世界であり、実体の伴わない単なる現象世界にすぎないのだと見なす世界観ないし人生観は、おそらく洋の東西を問わず、現実に生きる人間世界のはかなさや悲惨さをありのままに受容しようとはせずに、来世なり神の国なりという、現実とは別の世界を希求してそこに慰めを見出そうとする人類一般に共通した宗教的叡知である。その意味では、夢と覚醒のあいだの確実な区別徴表の欠如を理由に、現実世界が夢かもしれないと疑いその世界とは別のところに確実性の拠り所を求めようとするデカルトの「夢の仮説」も、人類の古くからの考え方に由来するものであろう。(1) そしてそれだけに夢と現実の関係の問題は、容易には解きがたい歴史的に根深い重要な問題だと言える。

夢の中の出来事は、例えばフロイト流に言えば、無意識層に抑圧されている性的衝動を偽装するために、夢見る人によって描かれた一つの象徴だということになろうが、しかしながらそもそも夢が夢として意味をもつとはどのようなことなのであろうか。夢が意味をもつのは、はたして当の夢見る人にとってのことなのであろうか。言い換えれば夢とは、現実から截然と区別されて夢の中でのみその意味が独自に理解される現象なのであろうか。それともむしろ、来世や彼岸が意味をもつのは、彼岸の人間にとってではなく、あくまでもこの現実世界に生きる此岸の人間にとってであるように、夢が意味をもつのは、夢見る人にとってではなく、あくまでも覚醒してこの現実世界に生きる人にとってなのではあるまいか。

覚醒時の経験は、時間的および空間的にもさまざまな事実の整合的な連関――ただし、整合的とは言っても、論理的に厳密な整合性という意味ではなく、錯誤体験や神話的経験やときには幻覚や幻聴などをも含んでいる、より緩やかな意味での全体的な整合性――をなしているのに対して、夢においては、夢の中のもろもろの出来事が相互に秩序をなして関連しあっているわけではない。しかしながらそうであるからといって、夢が、覚醒時の経験とはまったく独立に成立しうる経験でもないことは明白であり、それどころか、夢は覚醒時の経験なしには成立しえず、それと分かちがたく結びついているのである。[2] ただし夢は、覚醒時の経験との整合的な脈絡の中にその単純な延長として位置づけられるものではなく、覚醒時の経験の連関や分節の或る部分だけを、一時的にしかも変容させながら利用するという仕方において現実の経験の脈絡と不可分に関わっているにすぎない。言うなれば夢は、覚醒時の経験の連関の一断片のみをことさら際立たせた特異な経験なのであり、この意味においても夢は、あくまでも覚醒時の経験を基盤にしてしか成立しえないと言える。逆に言えば、覚醒時の経験とは、夢や、さらには錯覚や幻覚などの錯誤体験や神話的経験などをもそのうちに許すような、奥行きと広がりと多義性をもった経験なのである。

したがってわれわれは覚醒時のこの感覚世界全体を、たとえそれが絶対真実の世界かどうかを証明することなどはできないにしても、いやむしろ、証明などは原理的に不可能だからこそ、この感覚世界を不可疑の世界だと信じてそれに賭けて生きてゆくしかないのである。このような意味において、この感覚世界全体こそは、それに基づいてさまざまな懐疑が可能になるところの不可疑の土台、不可疑の根本的事実性だと言えるのではないだろうか。したがってとにもなろう。[3]

また懐疑が成立しうるのは、この感覚世界全体という不可疑の世界の中の個々の事柄への懐疑としてのみだというこ

2　デカルトの問題点

ところがデカルトは、夢と現実が同じ価値をもって並存し、しかも両者が容易に交換可能であると見なしている。この点にこそ、彼が夢の経験を捉え損ない、同時にまた覚醒時の経験のもつ〈確実性〉とは何であるのかについて思い違いをしていた原因も存するのである。夢についてわれわれが語りうるためには、われわれはつねにすでに現実世界のうちに生きて行動していなければならず、しかも後論（本書第五章）を先取りして言えば、このような実生活での振る舞いにおける〈確実性〉こそが、あらゆる哲学的認識の土台でさえあると言えるのではないだろうか。

デカルトが「第一省察」において、覚醒時の経験が夢かもしれずそれゆえ夢と現実の区別がつかないのだと語る場合、彼は、覚醒時の経験全体の外部ないしその背後に立ってそれを客観化しうる視点を想定し、そうすることによって覚醒時の経験を、逆に、夢の視点から捉えることができるのだ、と考えたわけである。言い換えればデカルトは、われわれが覚醒時の経験の外部や背後へと逃れることができ、そして覚醒時の経験の外部としての夢の方から覚醒時の経験を眺めることができるのだと考えてしまい、夢と現実の交換可能性という前提のもとで、現実と夢の区別がつかないのだと想定したのである。

しかしながらまさにこの想定こそが、つまり、覚醒時の経験からその外部や背後へと逃れうるのだという想定こそが、覚醒時の世界の中でしか生きられないというわれわれの生の根源的な在り方を十分に踏まえていない本末転倒した想定にほかならないのである。覚醒時の経験とはむしろ、あらゆる経験の、したがってまた夢や錯覚や幻覚の経験の、さらには神話的経験や宗教的経験の、土台なのであり、あらゆる経験の確実性の基盤なのである。このことを忘

却することによってデカルトははじめて、みずからの懐疑を遂行しえたのであり、またそれとともに、次章で詳論するように、そのような懐疑の結果として、覚醒時の経験世界を排去ないしエポケーした世界の外に立つコギトを確立することもできたのである。

3　デカルト哲学の根本課題

しかしながら他方では、「夢の仮説」を一部として含む方法的懐疑という〈厳密な哲学的認識〉と〈実生活に関わる事柄〉とを区別したうえで、前者の観点からことさら意図的に懐疑を遂行したにすぎないのだという自覚が、デカルト自身のうちに厳然と存在しているのも事実である。夢と覚醒の異同と連関の問題を、デカルトのこのような自覚を十分に視野に入れながらあらためて吟味し直してみるならば、そのときにはまた、前述のような、夢を、そして同時に覚醒時の経験を捉え損なったデカルトとは違ったデカルト像が浮かび上がってくるかもしれない。そしてまたこの課題こそが、筆者の見るところ、デカルト哲学が後世のわれわれに突きつけている最大の課題であるようにも思われる。

注

（1）　哲学史のうえでは、この仮説は、プラトンの対話篇『テアイテトス』（岩波文庫、五七〜五八頁）のうちに見られるように、古代ギリシア時代にはすでに一般的な仮説であった。
（2）　「夢の仮説」の中でデカルトは、画家の空想によって描かれる非現実的な動物の絵も、現実世界の諸部分からの自由な総合によるものであると語っている（『省察』AT Ⅶ19、邦訳Ⅱ31-32）。しかしもちろんデカルトの「夢の仮説」の狙いは、現実の経験が夢であるかもしれないことの主張に存することは本文で述べた通りである。
（3）　この点については、本書第二章第三節3「第三の問題——方法的懐疑と確実性」を参照。

第二章　「私は思惟する、ゆえに私はある」

一　「思惟するもの（res cogitans）」としての私

1　「私はある、私は存在する（Ego sum, ego existo.）」

前章で見てきたように、デカルトは、感覚や想像や記憶によって経験される存在を疑い、また覚醒時の経験全般を不確実として退け、さらには数学的認識さえをも「欺く神」の誘いによる思い込みかもしれないと疑う。するとデカルトが最終的に下さざるをえない結論は、この世界には絶対に確実なものなどは何一つとしてないのだということだけが唯一の確実なことだ、ということになってしまうのであろうか。

しかしながら、もしかしたら、すべてが疑わしいと考えるように私を仕向けたもの、例えば神のようなものがいて、このものこそが疑いえないものなのかもしれない。いや、そもそも、このようなものを創作したのはほかでもない「私」なのであるから、むしろ「少なくともこの私は何ものかであるのではないのか」（『省察』ATⅦ24，邦訳Ⅱ38）ということにデカルトは気づく。

ところが、前章で述べたように、デカルトはすでにこの「私」の感官や身体を否定していたのであるから、そうだとするとやはりこの「私」も否定されたことになるのではないのだろうか。さらにまた私は自分自身に対して、「世界のうちには、天空も、大地も、精神も、物体も、まったく何一つとしてないことを」（『省察』ATⅦ25，邦訳Ⅱ38）説得したのであれば、またこの「私もまたない」と説得したことにもなり、「私の存在」はやはり否定されることになるのではないのだろうか。

このように自問しながらもデカルトは、この問いに対して明確に否と答える。なぜならば、「何かを私に私が説得したというのであれば、たしかに、この私はあったのだ」（同上）と言えるからである。こうしてデカルトは私の存在を疑いえないものとして語り出すのであるが、しかしそれでもなおかつ、デカルトは慎重に議論を進めようとして、「この上もなく力能もあればこの上もなく狡智にもたけた欺瞞者」（同上）が依然として私を欺いているかもしれないというところまで疑いを拡大してみて、そのうえで次のように語る。すなわちそのような欺瞞者がたとえ私を欺いているとしても、「彼が私を欺いているならば、そうとすれば、この私もまたある、ということは疑うべくもない」（同上）のであり、欺かれるかぎり「私」はけっして無ではなく、たしかに「何ものかである」と。

かくして、デカルトは方法的懐疑の果てに次のような結論を導き出す。

「私はある、私は存在する（Ego sum, ego existo.）」というこの言明は、私によって言表されるたびごとに、あるいは、精神によって概念されるたびごとに、必然的に真である。（同上）

ここにおいて、思惟するかぎりでの「私の存在」を、すなわち「私は思惟する、ゆえに私はある（cogito ergo sum）」（『方法序説』ATⅥ32，邦訳Ⅰ39，『哲学原理』ATⅧ7，邦訳Ⅲ36）という命題を、不可疑の第一原理とするデカルトの立場が明確に打ち出されることになる。

2　思惟作用としての私の存在

(1)　純粋な思惟作用

思惟するかぎりでの「私の存在」を確立したあとに、デカルトは「その私がいったい何ものであるのか」(『省察』ATⅦ25, 邦訳Ⅱ38) という問いを提示しながら「私」の本質・本性の探求に向かう。

デカルトによれば、「私」とは、ふつうに思いつかれるような「人間」でも「理性的動物」でもなく、また四肢を備えた「身体」でもなければ、あるいは栄養摂取して歩行し感覚する「霊魂 (anima)」を備えた心身合一体でもない。しかしながらもちろんまた「私」とは、生あるものの一切が最終的に帰すると一般的には見なされるような物体(物質) でもない。

そうではなく、「私」とは「思惟するもの (res cogitans)」=「精神」(『省察』ATⅦ27, 邦訳Ⅱ41) なのである。つまりデカルトは私の本質を「思惟すること (cogitare)」ないし「思惟 (cogitatio)」(『省察』ATⅦ27, 邦訳Ⅱ40) に見出す。

しかも私が「思惟するもの」として「存在」するのは、時間的に持続する実体としてではなく、あくまでも「私が思惟するかぎりにおいて」(同上) でしかない。「というのも、私が一切の思惟を止めるとしたならば、おそらくまた、その場で私はそっくりあることを止める、ということにもなりかねないであろうから」(『省察』ATⅦ27, 邦訳Ⅱ40-41)。こうして不可疑の私の存在とは、思惟するかぎりでの私の存在のことであり、言い換えれば「思惟すること」すなわち純粋な思惟作用としての存在にほかならない。

(2)　思惟作用と思惟対象の区別

ところで「私」とは、理性的動物でも身体を備えたものでも、ましてや物体でもなく、純粋な思惟の働きそのものだということは何を意味しているのであろうか。このことをデカルトは、感覚的対象と思惟作用を厳密に区別することによって説明している。すなわち「光が私には見え、騒音が私には聞こえ、熱を私は感じる」と判断する場合、その判断対象としての光や騒音や火は夢の中で夢見ているときには存在しえないのであるから、判断される対象的世界の存在は偽であるかもしれず、しかしながら、たとえ夢の中であっても、

> たしかに、私には、見えると思われ、聞こえると思われ、暖かいと思われる。このことは偽ではありえず、このことが本来は私において感覚すると称せられていることなのであり、実際、このように厳密な意味に解するなら、感覚するということは思惟するということにほかならない。（『省察』ATⅦ29, 邦訳Ⅱ43）

同様のことがまた次のようにも表現されている。

> たとえ想像された物がいずれも、まったく真ではないとしても、しかし、想像する力そのものは実際に存在し、私の思惟の一部［様態］をなしている。（『省察』ATⅦ29, 邦訳Ⅱ43）
>
> たとえ私が感覚したり想像したりするものが、私の外においてはおそらく無であるにしても、私が感覚および想像と名づけるあの思惟する諸様態が、思惟する或る種の仕方であるというかぎりでは、私の内にあることを私は確知している。（『省察』ATⅦ34-35, 邦訳Ⅱ51）

つまり感覚される対象の存在は疑わしいが、感覚するという精神の働きとしての思惟作用そのものは、対象の存在・非存在にかかわらず確実な存在なのである。

(3) 思惟の諸様態　デカルトは、私の本質である思惟作用そのものについてより詳しい規定を与えるべく、思惟するものとしての私とは、「疑い、知解し、肯定し、否定し、欲し、欲せず、また想像もし、そして感覚し、するもの」（『省察』ATⅦ28, 邦訳Ⅱ42）だと語る。つまり、感覚することのみならず、疑うこと、知解すること、肯定すること、否定すること、欲すること、欲しないこと、想像することなどのすべてが、私の本質をなす思惟作用であり、その意味においてそれらは「思惟の諸様態」なのである。それら諸様態は、その本質においてすべて思惟、つまり疑うという思惟、知解するという思惟、感覚するという思惟にほかならない。

(4) 思惟の二義性　デカルトは、思惟という言葉を、ときには感覚や想像や欲望や意志などと対比しながらそれらと区別してとくに、概念的に知解する「知性（intellectus）」（『省察』AT Ⅶ34, 邦訳Ⅱ48）という意味でも用いるが、その場合には思惟とは、感覚や想像や欲望や意志と対立する狭義の思惟を意味する。しかしもちろん、「私は思惟する、ゆえに私はある」における「思惟」は、そのような狭義の思惟ではなく、感覚や想像や欲望や意志をも自己の一様態とする広義の思惟である。したがってまた「思惟」には広狭二義があると言えるが、第一原理としての「思惟」とはあくまでも広義の思惟であることは言うまでもない。

(5) 自己意識としての思惟　デカルトの「思惟」概念の意味内容に関してさらに注意すべきこととして次の二点を指摘することができる。まず第一に、思惟とは、たんに思惟作用（思惟の働き）であるばかりではなく、同時に、思惟作用についての意識、ないし思惟するものとしての私についての意識、つまりは自己意識であるということである。感覚されている対象の存在は偽であるかもしれないとしても、感覚するという思惟作用についての思惟つまり自己意識は疑いえない確実なことであり、思惟作用にはつねに同時にそれについての意識が随伴するということである。

その意味においてデカルトにおいては、フロイト以来一般的に認められている無意識という状態は、少なくとも心の働きとしては不可能だということにもなる。感覚であれ欲望であれそれらが思惟の働きであるかぎりそれらにはつねに必然的に自己意識が伴うからである。夢を見ることはデカルトにとっては無意識的な心的現象ではないのである(1)。たしかに目覚めたときにどんな夢を見たのかを思い出せるのは夢見るという思惟作用に意識が伴うからだと考えられるかもしれない。

(6) 思惟の対象としての観念　第二に、デカルトの思惟とは、思惟作用であると同時に自己意識のことなのであるが、しかしそれのみならずさらには、思惟作用とはかならず何ものかについての思惟作用であり、そうであるかぎり思惟作用は、「思惟されるもの」としての「観念」をつねに志向していることになる。感覚される光や騒音や火の存在は疑わしいけれども、感覚するという思惟作用によって思惟される観念の存在は、思惟にとって内在的なものとして不可疑なものである。

> 観念そのものを私が、私の思惟の或る様態［例えば感覚作用や想像作用など］として考察するにとどめ、［思惟の外部の］何かほかのものへと関係づけたりなどしない、としたならば、観念が私に何らかの過誤の素材を与えるということはまずありえないことであろう。（『省察』AT Ⅶ37，邦訳Ⅱ54-55）

例えば「私が山羊を想像しようとキマイラ［空想上の怪獣］を想像しようとも」（『省察』AT Ⅶ37，邦訳Ⅱ54）、山羊の観念やキマイラの観念を想像するという思惟作用自体は真である。

　このように、想像するという私の思惟作用とは、たんに想像するという思惟の働きのみを意味するのではなく、同時に、思惟される観念をも必然的に随伴しているのである。言い換えれば、想像するとは何かを想像することであり、感覚するとは何かを感覚することなのである。ただしその場合の〈何か〉とは、少なくとも思惟の外部の世界を排去してコギトの確実性のみを確立した目下の段階においては、けっして「私」を超越した〈私の外〉の何かではなく、〈私の内〉の、つまり思惟内的な観念だということである。[2]

(7)　作用・意識・観念という三契機の統一体としての思惟

　かくして「私は思惟する、ゆえに私は存在する」という第一原理は、感覚や想像や欲望などのさまざまな思惟様態において自己を展開しうる思惟作用であるとともに、その思惟の働きは同時に、思惟作用に随伴する自己意識を意味し、さらにはまた、思惟される観念をも必然的に伴う働きなのである。こうしてデカルトは、思惟作用をその本質とする「私の存在」を、思惟作用とその意識とその観念的対象との三項関係の統一的構造として捉え、それを、彼の哲学の今後の展開のための第一原理に据えるのである。

二　コギトの確立と近代的自然観の基礎づけ

1　存在に対する認識の優位

デカルトによれば、われわれは「自然的傾動性」（『省察』AT Ⅶ 39, 邦訳Ⅱ 56）ないし「或る盲目的な衝動」（『省察』AT Ⅶ 40, 邦訳Ⅱ 57）のために、「私の内」の観念にはその観念に対応するものが「私の外」に存在するのだと誤って思いなしてしまう傾向性を有している。したがって彼は思惟の働きの外部の身体や物体や世界を可疑的なものと見なしてそれらを思惟から排去し、そうすることによって思惟作用を本質とする自我＝コギトを「哲学の第一原理」として確立した。デカルトのコギトは、身体をもたない純粋な思惟作用だという意味においてはそれを脱身体的コギトと呼びうるであろうし、また外部世界の存在を排去するという意味においてはそれを無世界的コギトだと特徴づけることもできるであろう。[3]

そうなるとデカルトの思惟とは思惟される対象をもたないような非常に奇妙な思惟だということになってしまうのかと言えばけっしてそうではない。たしかにデカルトは、身体や世界を、それらが思惟の外部の存在だと信じられているかぎりでは排去するのだが、しかしながらこのような排去は、同時に、思惟の対象の存在を、「自然的傾動性」とは異なった新たな仕方においてふたたび回復し再構築することなのである。

この再構築をカント哲学のコペルニクス的転回になぞらえて言えば、それは、認識が対象に従うことから対象が認識に従うことへの転回であり、[4] そしてまた近代的な存在論＝認識論という哲学をあらたに打ち立てることを意味している。デカルトにとっては、想像されたり感覚されたり知解されたりするものとは、思惟の外部の物体的存在ではなく、これら想像や感覚や知解という思惟の働きによって思惟されるかぎりでの「観念」的存在なのであり、こうして観念的存在が積極的な意味での〈存在〉として認められることになるのである。つまり〈存在〉とは、外的存在ではなく、第一義的には、私の思惟の働きによって明晰判明に表象ないしは認識されるかぎりでの「観念」としての〈存在〉なのであり、したがってまた対象の〈存在〉とは、コギトによって〈認識〉されるかぎりでの観念的対象の存在を意味することになる。端的に言えば、存在は認識に還元されるのである。

こうしてコギトを哲学の第一原理として確立することは、同時に、存在に対する認識の優位という立場を明確に強く打ち出すことになる。物体的世界とは、デカルトにとっては私を超越する世界を意味するのではなく、何よりもまず私の思惟の働きによって思惟されるかぎりでの観念的世界として、私の知性の前にありありと現前している世界である。世界は、物自体ではなく、私の観念なのであり、デカルト的コギトの確立は、同時に、世界を私の観念として表象することであり、そしてこれによってまた近代哲学の特徴をなす認識論中心主義も確立されるのである。[5]

2　近代的自然観の基礎づけ

思惟から排去された世界とは、想像や感覚という思惟の偶然的様態によって観念されるものが、観念の外にも、観念されているのと同様の仕方で存在するのだと誤って予断されるかぎりでの世界のことである。そしてこのことは裏を返せば、デカルトは、物体的世界を、素朴実在論的な、思惟の観念の外部の世界としてではなく、思惟によって、より厳密に言えば、思惟の必然的様態である「知性」ないしは「想像力に助けられた知性」によって、明晰判明に知解されるかぎりでの観念的世界として、再構築ないし再構成したということを意味する。デカルトにとっての真なる世界とは、思惟の外の自体的存在ではなく、知性によって明晰判明に知解されるかぎりでの観念的世界なのである。しかもそれは、色や味や臭いや音などの偶有性からなる感覚的世界ではなく、「長さと広さと深さとにおける延長（extensio）」（『省察』AT Ⅶ43, 邦訳Ⅱ61）を本質とする数学的な機械論的世界（自然）である。デカルトは思惟作用としてのコギトに定位することによって、世界をこのようなものとして積極的に捉え返すのである。

物体［的世界］それ自体は、本来、感覚によって、あるいは想像する能力によって、ではなく、ひとり知性（intellectus）によってのみ知得されるのであって、触れられもしくは見られるということからではなくて、知解されるということからのみ知得されるのである。（『省察』AT Ⅶ 34, 邦訳 Ⅱ 48）

こうして第一原理としてのコギトの発見は、同時に、近代科学における世界の哲学的構築でもある。コギトが世界を数学的自然科学の世界としてみずからの現前に立てることによって、デカルトは、中世スコラ哲学における「実体形相」に基づくアニミズム的な物体観ないし自然観から脱却するのである。そしてそのためには、「実体形相」が物体的実体の変化や運動を司るアニマ（霊魂）として物体自身のうちにあらかじめ宿っているという、スコラの生物主義的な目的論的自然観ではなく、世界を生命をもたない機械のようなものとして、つまり数学的延長の世界として、表象しうるコギト＝主観の、すなわち、物心二元論というデカルト哲学に立脚するコギトの、確立を待たなければならなかったのである。

このように、世界を、霊魂の宿るスコラ的実体としてではなく、コギトの本来有する知性的観念の投げ入れによる数学的客観として表象するようなコギトの発見は、近代自然科学の哲学的基礎づけと表裏をなしている。世界を、コギトにとっての世界として再構築することによって、近代哲学の意識中心主義が確立されるのである。デカルトは、当時のガリレオやケプラーによって形成された近代の数学的自然科学を、認識主観としてのコギトの発見によって哲学的に基礎づけたのである。

またこのかぎりでは、デカルトのコギトは、無世界的コギトであるどころか、むしろ優れて世界的コギトだと言えるかもしれない。ただしその場合の世界的コギトとは、自己を超越した世界とつねにすでに関わっているという意味での身体的コギトではなく、したがってまた、ハイデガーの言う意味での「世界内存在」という根本構造としての現存在でもなければ、メルロ＝ポンティにおける「世界へと身を挺している」[6]身体的主体でもなく、あくまでも世界を客観的対象としておのれの現前に観念する主体としてのコギトという意味であることは言うまでもない。

三　コギトにまつわる諸問題

1　第一の問題──コギトと世界の分離

デカルトによれば、感覚される外的世界の存在は可疑的であるが、感覚するという思惟の働きそのものは明証的に直観され、それゆえ疑いえない絶対確実なものである。デカルトは思惟としての「私の存在」こそが懐疑を免れる確実なものだと考えるが、このことは、彼が確実なものを、対象的世界の側に求めずに、逆にそこから反転して、懐疑を遂行している自己自身の側に求めたということであり、そして対象の側から自己の側へのこのような反転が、デカルト以後ヘーゲルにいたるまでの近代哲学の射程を観念論的な方向へと決定づけることにもなった。つまり素朴実在論的な「自然的傾動性」＝「或る盲目的な衝動」＝「自然の教え」（『省察』AT Ⅶ 38, 邦訳 Ⅱ 55-56）からすれば、確実なものは、「私の存在」ではなく、むしろ私を超越した対象的世界の側に求められるのであるが、デカルトはそのような自然的傾向性とは逆に、確実なものを自己の側に定位することによって近代哲学に特徴的な意識内在主義を打ち立てた。そしてまた哲学史の教科書が教えるところによれば、この点にこそデカルト哲学の意義が存するのである。

しかしながらそもそも、感覚するという思惟の働きを、感覚される外的事物から切り離してそれだけを抽象することなどができるのであろうか。むしろ感覚することは、感覚される外物なしには不可能なのではないのだろうか。言い換えれば、デカルトのように感覚される外的世界の側を否定しておいて、感覚するという私の意識作用だけを確実なものと見なすことなどは不可能なのではないのだろうか。既述のようにデカルトは、見ることは「見えると思われる」という思惟様態として、思惟の外部の対象の存在からは独立な思惟の働きだと考えたのであるが、そもそも見るということは、見られる物体の存在をあらかじめ措定しておくことなしには不可能なのではないのだろうか。

メルロ＝ポンティは、「見える物の存在は疑わしいが、単なる見ているという思惟（pensée de voir）と考えられた私の視覚自体は疑わしくない」という、知覚についてのデカルトの考え方を次のように批判している。すなわち、知覚物の存在を措定することは知覚作用という思惟の働きの本質に属することであり、したがって知覚物の存在に開かれていることが知覚作用の本質をなしている。知覚作用は、知覚された事物の存在から切り離されて意識の内部にとどまるものではなく、意識自身をつねにすでに超越しているのである。それゆえまた知覚物の存在、ひいては世界の存在が否定されるならば、それとともに知覚という思惟作用そのものも、すなわち意識そのものも、否定されなければならなくなる、と。(7)

メルロ＝ポンティによれば、知覚することと知覚される物の存在とは不可分であり、知覚するとは、たとえそれが内面的な働きと見なされようとも、その働きは、内面のうちにとどまりうるものではなく、つねにすでに自己を越え出て外部の物体へと達してしまっている。しかもこのことは、知覚に限らず、想像や意志や知性など、意識の作用一般にも本来的に妥当し、それゆえコギトとは、意識の内部領域の確実性を意味するのではなく、意識の外部の世界への超越をその本質とする。コギトの存在とは、自己内存在ではなく、自己超越的存在なのである。メルロ＝ポンティのこのようなコギト観は、明らかにデカルトのコギト観とは相容れないものであり、その意味ではデカルトのコギト観に対して、ひいては近代哲学全般の意識内在主義に対して、再検討を強く迫る重大な問題提起である。

もっともデカルト自身は、一方では、方法的懐疑によって意識内部の領域を明証的領域として確立しはするものの、他方では、「私は思惟する、ゆえに私はある」という命題を哲学の第一原理として確立した『省察』の「第二省察」に続く「第三省察」以降においては、外的世界の存在への懐疑を徹底させることによって外的世界を文字通り排去する方向へと向かうどころか、逆に、コギトを超越する神の存在の証明や、誠実な神の保証のもとでの外的世界の存在の証明へと向かっていく。この点からすれば、デカルトが外的世界の存在を可疑的だとしたのは、彼の形而上学の体系的全体性から見れば暫定的なことにすぎず、彼が本気で外的世界の存在を否定しようと目論んでいたわけではない、とも解釈できるかもしれない。しかしまたもしそうであるならば、デカルトの哲学においては、コギトの内的明証性と外的世界の存在とはそもそもどのような関係になっているのであろうか、という問題が、あらためて問われなければならない根本的問題として浮上してくるであろう。この問題については、本書の第四章および第五章において再度検討するつもりである。

2　第二の問題――主知主義的コギトの狭さ

既述のように、デカルトの「思惟」概念は広狭二義をもつが、「私は思惟する、ゆえに私はある」という第一原理における本来の思惟とは、あくまでも広義の思惟、つまり感覚や想像や意志や知性などの意識の働きのすべてを含む思惟であり、そしてこれらの思惟の諸様態のあいだにはそれぞれが同じ思惟であるというかぎりにおいては優劣の差はないと言えよう。

しかしながら他方でデカルトは、真理の認識に関しては、思惟の諸様態のうち知性や理性を、感覚や想像や記憶よりも特権的なものとして位置づけている。例えば上記で引用したように、「物体それ自体は、本来、感覚によって、あるいは想像する能力によって、ではなく、ひとり知性（intellectus）によってのみ知得される」（『省察』ATⅦ34，邦訳Ⅱ48）とか、蜜蝋の比喩において蜜蝋の本質を知得するのは、「視覚の作用でも、触覚の作用でも、想像力の作用でもなく、……ひとり精神のみによる洞見である」（『省察』ATⅦ31，邦訳Ⅱ46）とか、あるいは『規則論』でも、事物の認識にとっての想像力や感覚や記憶の必要性を語りながらも、「真理を知得しうるのはひとり知性（intellectus）のみである」（『規則論』第12規則、AT X 411, 邦訳Ⅳ62）と述べている。そしてこのことはまた、感覚や想像による感性的認識よりも数学的認識のような理性的認識のほうがもっとも確実な認識だと見なされていることからも窺い知ることができる。

このようにデカルトは、コギトによる明晰判明な認識を、そしてコギト自身の明証性をも、知性や理性に帰している。ここには感覚や意志よりも知性や理性を偏重しようとする主知主義者デカルトの姿を見て取ることができる。デカルトは、「信仰あるいは実生活に関わる事柄ではなくて、ひとり自然の光［＝理性］の介助のみで認識される思弁的真理」（『省察』AT Ⅶ 15, 邦訳Ⅱ24）に関わる厳密な哲学の構築を目指すあまり、コギトを、明晰判明な純粋知性に制限して理解しようとする傾向が強い。

しかしながら、コギトを知性や理性に局限することがコギトをあまりにも狭く限定しすぎることになりはしないのであろうか。コギトを主知主義的に捉えることがコギトの理解を一面的なものにしてしまうことがないのであろうか。

例えば、感覚や感情、したがってまた身体と結びつく感性的存在としてのコギトの側面を、主知主義者デカルトは軽視しすぎている。あるいは、精神や知性に明証的に現前する認識のみを真理と見なそうとするあまり、コギトに現前するものの背景や地平となってその現前を支えている非現前的なものが真理の形成にとっていかに重要な役割を果たしているのかということを、デカルトは見逃している。さらにはまたこのことが、そのような背景や地平という理念的なものを志向しうるコギト自身の自己超越的な在り方を、デカルトの主知主義的コギトが看過していることにもなろう。

要するに、デカルトのコギト観には、コギトを、知性としてのみならず、同時に、感性的であるとともに自己超越的な理念的存在と見なすような、幅と奥行をもつコギトについての存在論が、少なくとも「私は思惟する、ゆえに私はある」を確立する段階においては欠如していたと言える。

デカルト自身も「私の存在」の主知主義的捉え方の以上のような狭さには十分に気づいていたためであろうか、彼は、コギトの原理を確立したあとで、コギトを超越する神の存在の問題（本書第三章参照）や、コギトを超越する物体的自然の存在の問題（本書第四章参照）に向かうことによって、コギト自身のより開かれた可能性を展開してゆくことになる。

3　第三の問題――方法的懐疑と確実性

デカルトの方法的懐疑がわれわれに教えてくれたことは、疑うということが成立するためには何か確実なものが、つまり疑いえないものが、暗黙にではあれ前提されていなければならないということである。したがってデカルトの普遍的包括的な懐疑は、すべてを無に帰してしまう否定の徹底化ではなく、むしろ逆に、すべての疑いを可能にするところの確実性の樹立と不可分なのである。しかもその確実なものとは何かと言えば、それは、デカルトにとっては思惟作用としての「私の存在」なのである。

なぜならば、第一に、もしもすべてが疑わしいのであれば、懐疑というデカルトの方法それ自身さえもが哲学の方法としては疑わしい方法だということになってしまい、デカルトは懐疑の遂行自体を断念せざるをえなくなるからである。(8) また第二の理由としては、デカルトによれば、私が何かを疑う場合、その疑っている最中に疑っている自分自身を疑うことなどはできないからである。懐疑がいくら誇張された普遍的包括的懐疑であっても、疑うという私の思惟の働きを無化することなどはけっしてできないのであり、「私の存在」を度外視した疑いなどはそもそも疑うことではありえないからである。こうして不可疑なものとしての「私の存在」を哲学の原理に据えたという点において、デカルトは西洋哲学史の中に揺るぎない一歩を記した哲学者として刻印されることになった。

しかしながら、たとえ疑いを可能にする確実なものを「私の存在」のうちに発見したことがデカルトの功績だとしても、はたして思惟作用としての「私の存在」だけが、懐疑を可能にする確実なものなのであろうか。というのも、ごく一般的に振り返ってみた場合でも、懐疑を免れうるものと見なしうるのは、デカルトの言う「私の存在」に限られるわけではないであろう。例えば、デカルト自身が語っているように、彼は懐疑の遂行に際してあらかじめ〈哲学的な真理探究の場面〉と〈実生活の場面〉を区別し、前者の〈哲学的立場〉においてのみ懐疑を遂行しているのであり、そうであるならば、〈実生活の場面〉はそもそものはじめからデカルトの懐疑を免れている場面だということになろう。また例えば、懐疑が言語的に遂行されるものであるかぎり、その言語的営みそのものの基盤をなしている言語共同体とか、あるいはそこでの言語の共通な意味や規則なども、あらかじめ可疑的なものの埒外に置かれていなければならないであろう。その意味においてそれらは、確実なものとして、懐疑に先立って前提されていなければならないはずである。

このように見てくると、哲学史におけるデカルトの功績は、懐疑を免れる確実なもののうち、少なくともたんにその一翼を担うはずのものにすぎないものとして、思惟する「私の存在」を見出した、ということに存すると言えるであろう。それとともに、懐疑を免れる確実なものにはそもそもどのような事柄が属しているのかどうかという問題が、新たな問題として浮かび上がってこざるをえない、ということをも、デカルトは〈哲学的立場〉と〈実生活〉の区別においてわれわれに暗示していたことにもなろう[9]。そしてこの問題は、実のところは、確実なものについて問おうとする哲学者それぞれの哲学を――しかも哲学とはいつの時代においてもこの問いを根本的問いとして立てる営みなのであるが、その哲学を――根本的に左右する重要な問題なのである[10]。

注

（1）ちなみに、「〈私は思う（Ich denke）〉はすべての私の表象に伴うことができなければならない」（『純粋理性批判』B131）と語って、自己意識を対象認識の可能性の根源的条件と見なすカントの理論哲学も、思惟とその意識との必然的な随伴関係を語るものであるかぎり、デカルト思想の延長線上にあると言える。さらには自然哲学や精神哲学などすべての経験を、自己意識の自己展開と見なすドイツ観念論もまた、デカルト哲学の系譜に連なるものである。

（2）デカルトは、或る箇所で（『省察』AT Ⅶ 37-38, 邦訳Ⅱ55）、観念を三種に分けている。すなわち、「私の本性それ自身」からいわばアプリオリに生じる「本有観念」と、騒音を聞いたり太陽を見たりするときに「私の外に存するもの」を予断させるような「外来観念」と、空想上の怪獣の観念のように私自身によって創作される「作為観念」である。しかしながら、「私の外」の存在を否定するデカルトのコギトの立場に立つかぎりは、元来、観念とはすべて「私の内」に由来するはずであり、そしてその意味では、「本有観念」こそがデカルト哲学に固有の観念であると解しうる。したがってまた、「私の外」の存在を予想させがちな「外来観念」という表現は誤解を招きやすいと言える。

（3）ちなみに、ハイデガーは、外的世界を認識論的に無効なものと見なすデカルト的コギト＝主観を批判して、それを「無世界的主観（weltloses Subjekt）」と名づけている（ハイデガー『存在と時間』第四三節（a）、中央公論新社中公クラシックス『存在と時間Ⅱ』、二〇〇三年、一八二頁）。

（4）カントの認識論については、本書第六章を参照。

（5）ハイデガーによれば、デカルト以後の近代哲学においては、人間が主観として世界の基体になり、それによって、人間主観は、世界を「像（Bild）」という客観として自分の前に立てることになる。世界を表象的存在として定立しようとする近代という時代を、ハイデガーは「世界像の時代」と呼ぶ。ハイデガー『世界像の時代』（創文社、ハイデッガー全集第五巻所収）を参照。

（6）メルロ＝ポンティ『知覚の現象学』（第一巻、みすず書房、一九七一年、八頁）。

（7）メルロ＝ポンティ、前掲書（第二巻、みすず書房、一九七五年、二五〇～二五四頁）。

（8）ウィトゲンシュタインによれば、疑うことが可能であるのは疑いえないものが前提されるかぎりである。『ウィトゲンシュタイン全集九　確実性の問題』（大修館書店）第一一五節を参照。

（9）この点については、本書第五章を参照。

（10）この問題に関しては、例えば、メルロ＝ポンティ『知覚の現象学』の、とくにその第三部第一章「コギト」、あるいは『大森荘蔵著作集第五巻　流れとよどみ』（岩波書店、一九九九年）所収論文「幻滅論法」などを参照。

第三章　神と自己

一　思惟から存在へ——神の存在証明の方法

方法的懐疑を通して「私は思惟する、ゆえに私はある」という原理を確立してのち、デカルトは、この原理に基づいてそれ以後の一切の議論、すなわち、神の存在の証明や物体の存在の証明などの議論を展開する。というのも、確実なのは、目下のところは、「思惟するもの」としての私の精神だけだからである。いまの段階で確実なものとして確保されているのは、「思惟するもの」としての私の本質である思惟作用そのものと私の存在、および「思惟様態」である感覚・想像・知解・意欲などの思惟作用、さらにこれらの思惟作用によって「思惟されるもの」としての「観念」だけだからである。

したがって、神の存在を、私の観念を手がかりにして証明するのではなく、例えば、実生活において自然に習慣として教えられる「私の外」の物体の存在を暗黙に想定して、それに基づいて証明しようとする伝統的な証明法は許されない。つまり「私の内」の思惟ないし観念に立脚しての証明を目指すデカルトの立場からは、感覚的物体の存在をあらかじめ素朴に前提するかぎりでの経験主義的な証明法は採用されるべくもない。このようにあくまでも、私のもつ観念ないし「私の内」に定位しながら神の存在を証明しようとするのが、デカルトの証明法の特徴である。

デカルトにとっての観念とは、元来、観念の外部に想定されるような物自体の単なる反映とか模写像などではない。その意味においては彼の言う観念とは、本来すべて「本有観念」だと言っても過言ではない[1]。したがって観念を手がかりにする神の存在証明はけっして素朴な経験的実在論の道をとることはない。あるいはまた、観念と観念の外部の事物との双方を比較しうる超越的な視点から、両者のあいだに「類似」（『省察』ATⅦ37, 邦訳Ⅱ54）を求める道でもない。これら二つの道は、証明以前に証明されるべき外的事物の存在をあらかじめ前提してしまうかぎり論点先取の誤りを犯しているのだが、それのみならず、「私の内」から出発するというデカルトの基本的立場を踏まえていないという点において誤っている。というのも観念を出発点に据えるためには、観念の外部の自体的存在の前提をあらかじめ遮断しておかなければならないからである。

この意味においてデカルトの存在証明の方法は、観念から出発して観念の広さと豊かさを手がかりとする〈内から外への道〉、あるいは、〈存在から観念（認識）への道〉とは逆に〈観念（認識）から存在への道〉つまり〈思惟から存在への道〉だと言えるであろう。

こうしてデカルトの議論は「私の内」の観念のみを手がかりにしながら、いかにして、「私の外」の神の存在や、さらには物体の存在へと〈超越〉してゆくことができるのか、という問題設定のもとに展開される。

このような方法のうちに、意識の内部と外部を截然と区別したうえで、意識の外部に対して意識の内部から接近していくという、デカルト哲学のみならず、近世哲学一般に見られる意識中心主義ないし認識中心主義の方法的態度を、したがってまた存在に対して認識（観念）を優位させるという姿勢を見て取ることは容易であろう。それと同時に、後述するように、このような方法が認識や観念を優先させるあまり、存在を二次的・派生的なものと見なす危険性をはらみ、さらにそのことが、自己と世界の関係に関して主観としての自己に偏向した見方に陥り、ひいては近代哲学の限界をも示すことになる。

二　神の存在証明——観念の思念的実在性を手がかりに

デカルトは神の存在証明に関して、私のもつ神の観念から出発する第一の証明と、神の観念をもつ私の存在から出発する第二の証明という二つのアポステリオリな証明と、神の本質の観念から神の存在にいたるアプリオリな存在論的証明という三つの証明を提示する。以下においては、それらのうち〈思惟から存在への道〉を典型的に示しているとともに、デカルト哲学の内容にもっとも即しておりその点においてデカルトに固有の証明と言える第一の証明に焦点を絞って論述することにしよう。そのあとで次節において、神の存在証明の議論がデカルト哲学においてもつ意義とその問題点について考察することにしたい。

思惟から存在への超越に際してデカルトが「私の内」の観念を手がかりにする場合、彼は観念のどのような特質に着目するかと言えば、それは観念の「思念的実在性（realitas objectiva）」の強度の大小ということである。デカルトによれば、どのような事物の観念であれ、例えば、神の観念にかぎらず、自己の観念であれあるいは物体や動物や他の人間や天使の観念であれ、そもそも観念とは、「私の思惟の或る様態」（『省察』ATⅦ37．邦訳Ⅱ54）としては、思惟作用によって思惟されたかぎりでの対象的存在としての「思念的実在性」をもっている。

> 観念の思念的な実在性ということによって私は、観念によって表象されたものの存在性を、それが観念のうちにあるというかぎりにおいて、知解する。（『省察』「第二答弁」ATⅦ161．邦訳Ⅱ196）

「思念的」とは、当の観念によって観念される事物を表象ないし表現するという意味であり、また「思念的実在性」の「実在性」とは、「観念の外」の事物の実在性ではなく、観念される事物の「観念の内」での実在性を意味する。

しかしその際に、「観念の外」の存在への志向性が観念から奪われているわけではない。したがって観念の思念的実在性とは、一方では、たしかにあくまでも観念自身の表象的な存在性を意味するのではあるが、しかしながら他方では、観念によって表象ないし表現される「観念の外」の事物の存在への志向性ないし傾向性をも同時に含意している。

観念がこのような意味での思念的実在性を有するという点においてはいかなる観念も同様である。しかしながらその実在性のあいだには強度の大小の差が認められるのであり、しかもその点にこそ、観念から「観念の外」の存在への〈超越〉のための鍵を見届けようとするところに、神の存在の第一証明の特徴が存する。

ところで、私の有する観念のうち、まず、私自身を表示する観念は、前章で見たように、私の存在のために何ら「私の外」に超越していく必要のないのは明らかである。次に、動物や他の人間や天使の観念は、私と物体と神の観念から複合された観念と見なされ（『省察』ATⅦ43, 邦訳Ⅱ60）、それゆえに当の観念によって表示される実在性の度が、「私の外」の存在へと超越しなければならないほど大きな思念的実在性をもってはいない。

さらに、物体の観念については次のように言われている。

> 私自身から由来しえたようには思われないというほどに［思念的実在性の］大きなものはそれら［物体の観念］のうちには何も見つからない。（『省察』ATⅦ43, 邦訳Ⅱ61）

というのも、物体についての観念のうち、物体の本質をなす延長の観念は、私の知性が明晰判明に知得するかぎりでしかその思念的実在性をもちえず、それゆえ、延長の観念がさらに「私の外」の事物の現実的実在性ないし「形相的実在性」に対応することはないからであり、また物体の偶然的性質として表象される色や音や香りや味や熱などの観念は、不分明で不明瞭にしか私によって思惟されないので、それらの観念に対応する「私の外」の事物の存在については明証的に知るよしもないからである。

かくして観念の思念的実在性のうち、観念から「観念の外」の存在への超越に関わりうるものとしては神の観念のそれのみが残されることになる。デカルトによれば、この観念のみが私自身に由来することのできないほどきわめて大きな思念的実在性をもち、このことから彼は神の存在証明を次のように論証する。

> 私の有する観念のうちの或るものの思念的実在性がすこぶる大きく、そういう実在性はかくて形相的にも優勝的にも私のうちにはないこと、したがって私自身がこの観念の原因ではありえないこと、を私が確知しうるほどであるとするならば、ここからは必然的に、私独りが世界にあるのではなくて、そうした観念の原因たる何らかの他のもの［＝神自身］もまた存在する、ということが帰結する。（『省察』ATⅦ42, 邦訳Ⅱ60）[2]

あるいは、次のように語られている。

> 神という名によって私が知解するのは、或る無限な、独立的な、この上なき知性をもち、この上なき力能をもち、そして、この私自身をも、他の何かが存在しているなら、存在しているかぎりのすべてをも、創造したところの実体である。かかる性質のすべては、これに私の注意することが入念であればあるほど、私からのみ由来したということがありうるとはいよいよもって思われなくなるほどの、まさにそういうふうな性質である。それゆえ、……神は必然的に存在する、と結論されなければならない。（『省察』ATⅦ45, 邦訳Ⅱ63）

神の存在の第一の証明の要点は、観念の思念的実在性の強度に関して、「この［神の］観念はわけても明晰かつ判明であって、［私・物体・動物・他人・天使などの］他のいかなる観念が含むよりも多くの思念的実在性を含んでおり」（『省察』ATⅦ46, 邦訳Ⅱ64）、私のもつすべての観念（ここには私自身の観念も含まれるが）の思念的実在性を完全に凌駕するほどだということに存する。すなわち、神の観念の実在性は、私自身によって思惟される観念の実在性であるにもかかわらず、私の思惟に依存するものではなく、むしろ、私の思惟を〈超越〉する神自身によって私に与えられたものなのである。それゆえデカルトは、「無限なものの知得は、有限なものの知得よりも、言い換えるならば、神の知得は私自身の知得よりも、或る意味では先なるものとして私のうちにある」（『省察』ATⅦ45, 邦訳Ⅱ63）とさえ語る。この意味において神の観念の思念的実在性は、私自身の観念の思念的実在性や私に由来する観念から複合される動物や天使の観念の思念的実在性よりも「きわめて大きい」。

私がもつ神の観念とは、無限で、完全な実体についての観念であるが、このように、「無限な実体の観念があることとは、私が有限であるからには、実際に無限であるところの或る実体からそれ［無限な実体の観念］が出来するのでないかぎり、ないであろう」（同上）。私は現に無限で完全な神の観念を有しており、しかも有限で不完全な私には無限で完全な神の観念を産出する能力はありえず、しかも、無からは何も生じえないからには、私のもつ無限で完全な神の観念の原因として、神は存在しなければならない、とデカルトは結論するわけである。

こうして無限で完全な神の存在の証明を通して、同時にまた神が欺く者ではないこと、つまり神の誠実さ（veracitas Dei）も明らかとなる。というのも「すべての奸計と欺瞞とは何らかの欠陥に依存している」（『省察』ATⅦ52, 邦訳Ⅱ71. Vgl.『省察』ATⅦ53, 邦訳Ⅱ73）ものであるが、神は完全であるがゆえにそのような弱さは神には似つかわしくないからである。

三　デカルトの循環

それでは次に、神の存在証明についての以上の議論を踏まえながら、その証明の意義や問題点について考察することにしよう。

神の存在証明の議論に対しては、いわゆる〈デカルトの循環（cercle cartésien）〉というデカルト哲学の体系的矛盾の問題が、デカルトの在世当時から指摘されてきた。まずこの点について考察してみよう[3]。

方法的懐疑を通して「私は思惟する、ゆえに私はある」という第一原理を確立した前章での議論によれば、私＝精神＝「思惟するもの」が存在するのは、あくまでも私が思惟するかぎりにおいてであり、「というのも、私が一切の思惟を止めるとしたならば、おそらくまた、その場で私はそっくりあることを止める」（『省察』AT Ⅶ 27、邦訳Ⅱ 40–41）からである。また、「私は思惟する、ゆえに私はある」という原理に基づいて、「きわめて明晰かつ判明に私の知得するところのもののすべては真である」（『省察』AT Ⅶ 35、邦訳Ⅱ 52）という〈明証性の一般的規則〉も導出され、そしてそのあとで、思惟する私のもつ観念を出発点にしながら、神の存在と誠実さが証明された。このことからすればデカルトは、神の存在証明に関して、（神の）存在に対する（私の）認識の先行性ないし優位性という立場、より一般的に言えば、存在論に対する認識論の先行性ないし優位性という立場に立っていたと言える。このように思惟する私をあらゆる認識や証明の原点に据えたところにこそ、哲学史上、デカルトが〈近世哲学の祖〉として位置づけられる所以もある。

しかしながら神の存在証明の内容を踏まえると、デカルトには、存在に対する認識の優位という立場とは別の、いやそれどころかむしろ、その立場とは逆の立場が、すなわち（私の）認識に対する（神の）存在の優位という立場が強く打ち出されていることがわかる。つまり私のもつ神の観念の原因として、デカルトは神の存在を証明するのであり、したがって私のもつ神の観念は、原因としての神そのものによって「私の内」に生み出された結果にすぎず、そして原因の結果に対する先行性のゆえに、原因としての神の存在が、結果としての私の認識および存在〈よりも先なるもの〉となる。

デカルトの証明は、たしかに、結果としての観念（認識）を手がかりにしてそこを出発点にして神の存在へといたるという点においては、私の認識に定位した証明だと言える。しかしながら神の存在証明の成立後から振り返って見るならば、神の存在と誠実さに基づいてこそはじめて、私の明証知の真理性も保証されることができたのである。その意味においては、デカルト哲学における第一義的存在は、精神としての私ではなく、あくまでもその原因としての神であるということは紛れもない事実である。デカルトが神を無限実体と呼び、「思惟するもの」としての私＝精神（と延長を本質とする物体）を有限実体と規定する所以である。

「明晰かつ判明にわれわれの知解するもののすべては、まさしくわれわれがそれを知解するとおりに、真であると、われわれが知るということ」は、神の存在と誠実さが証明される以前には、証明されることができなかった（『省察』AT Ⅶ13, 邦訳Ⅱ22）。

> 神があると私が知得するにいたった後はしかし、同時にまた私は、その他のすべてのものが神に依存していること、そして神が欺く者ではないこと、をも知解した。かくてそこから私は、明晰かつ判明に私の知得するもののすべてが必ずや真である、と論決した。（『省察』AT Ⅶ70, 邦訳Ⅱ91）

以上のように、デカルトは、私の知解する明晰かつ判明な観念（認識）から出発して、その観念を手がかりにしながら神の存在と誠実さを証明したにもかかわらず、出発点としての私の明晰判明な観念が真であることは、神の存在と誠実さによって基礎づけられるのだと明言する。

すなわち、一方では、神についての私の認識がなければ神の存在はけっして証明されえないという意味においての、〈存在に対する認識の優位〉という立場、他方では、神の存在を原因として前提することなしには私の認識の真理性や私の存在さえもが保証されえないという意味においての、〈認識に対する存在の優位〉という立場、これら二つの立場のあいだには否定しようもない矛盾が存在するように見える。デカルトの在世当時から指摘されてきたこの問題が、いわゆる〈デカルトの循環〉である。それとともにまた、相反するかに見えるこの二つの立場がどのように統一ないし調和されうるのかという問題が生じてくるのであるが、この問題はデカルト哲学全体の体系性に関わる根本問題となっている。

この〈デカルトの循環〉の問題に関しては、循環を回避してデカルト哲学を理論的に一貫したものと見なそうとする解釈から、循環の不可避性を容認する解釈にいたるまでさまざまである。

例えば、循環は、近代の認識論を基礎づけようとするデカルトと、中世以来の神中心の伝統的存在論に引きずられているデカルトとのあいだに生じたものであり、中世の終わりと近代の始まりの狭間に生きるデカルト哲学にとっては、不可避的な体系的歪みであり、それゆえ循環の解消は不可能だという解釈が有力な解釈として可能である。あるいはまた、当のデカルトが、循環の批判に対しての自己弁護のために、明証知に二種を区別し、過去の明証知の想起には神の保証が必要であるが、現前のものについての明証知には神の保証が不必要であり、それゆえ、現前の明証知は神の存在に先立ち、そこには循環は存在しないと語っている（『省察』「第四答弁」AT Ⅶ 245-246, 邦訳 Ⅱ 294-295）。しかしこの自己弁明は、神の存在証明における神の誠実さによる明証知の保証という、『方法序説』や『省察』での内容とは明らかに齟齬を来している。あるいはまた例えば、神の存在と誠実さが証明される以前には、懐疑の遂行において想定されていた欺く神の仮説が有効であるから、「私は思惟する、ゆえに私はある」という原理の確立の段階においては、私は依然として欺く神にさらされており、したがってデカルト哲学にとっては、コギトの明証知（真なる認識）を神の存在に優位させる立場などははじめから存在せず、もっぱら神の存在に基づく存在論的立場だけが成立可能であり、それゆえに循環は存在しないのだという解釈など、さまざまである。

四　自己の超越性

〈デカルトの循環〉についての解釈の問題は、デカルト自身の哲学における私（自己）と神の関係あるいは認識と存在の関係という問題にほかならない。しかしそれのみならず、この問題は、より一般的視点から眺めれば、近代の数学的自然科学を人間主観の側から認識論的に基礎づけることを哲学の基本課題の一つと見なす近代哲学と、人間を超越した神の立場から人間界や物体界を存在論的に基礎づける中世哲学とのあいだの調和の問題にも連なる無視しえない問題である。しかし本書においては、この問題にこれ以上立ち入ることは控えることにしたい。

というのも筆者の見るところでは、〈デカルトの循環〉の問題は、あくまでもデカルト哲学にとってのいわば内部問題だと解しうるからである。すなわち、コギトの明証性が神の存在証明の前提であるのか、それとも神の存在がコギトの明証性の前提であるのかという問題設定においては、依然として、デカルト哲学の最終的な帰結である身心二元論が維持されたままであり、そしてそうであるかぎり、デカルト哲学の背後に隠された基本前提そのものが問いただされているわけではないと思われるからである。

ところがそれに対して、本書第五章において取り上げるように、コギトの明証知と表裏をなす身心二元論や、この二元論を肯定したうえでの神の存在証明の議論と、身心結合の立場との、関係ないし調和という問題こそは、身心結合論がデカルト哲学そのものへのアンチテーゼであるかぎり、デカルト哲学にとってのいわば外部問題ないし限界問題だと言えるであろう。したがってデカルトについて論じる場合には、内部問題と外部問題という二種の問題の区別が必要であるとともに、後者の身心結合論に関わる問題は、デカルト哲学にとっての限界問題であるがゆえに、ある意味においては〈デカルトの循環〉という内部問題よりもいっそう根源的な問題だということにもなるであろう。

この点を念頭に置きながら、神の存在証明の議論のうちに、前章でのデカルト哲学におけるコギト論には見られないような、ないしは、それを踏み越えてデカルト哲学に対して、ひいては意識中心の近代哲学全体に対して再検討を迫るような、豊かなコギト論を見届けることにしたい。またこのことによって、後述の身心結合論に関する議論の足がかりが得られることにもなろう。

さて既述のように、デカルトは、「われわれのうちにあるところの、この上もなく完全な存在者（ens）の観念が、「われわれのそとにある」この上もなく完全な原因に由ることなくしてはあるをえないほど大きな思念的実在性をもつのは、どのようにしてなのか」（『省察』ATⅦ14、邦訳Ⅱ23）という問題に答える仕方で、神の存在証明を展開するのであるが、その際にデカルトは、はじめから独断的に、「私の外」に絶対的他者ないし絶対的超越者としての神の存在を即自的な存在として前提したうえで、いかにして「私の内部」から「私の外部」へ超越することが可能であるのか、というように、問題を設定したのではないと思われる。というのもデカルトはあくまでも、神の存在が私のもつ神の観念と不可分であることを最後まで維持しているからであり、また、もしデカルトが証明のはじめに「私の内部」を超越する神の存在を独断的に前提したとすれば、それは、証明されなければならないものをあらかじめ証明の前提に据えてしまうことにもなり、論点先取の誹りを免れえないであろうからである。

デカルトを独断的形而上学者だと決めつけるまえに、彼がいかにして「私の内」と「私の外」の密接不離な関係を、したがってまた、内在と超越の必然的な関係を、あくまでも私（の観念）に定位しながら問題にしようとしていたのかを見届ける必要がある。そしてその場合にはむしろ、デカルトこそが、私から独立に自体存在する超越的実体として神を措定するような、独断的形而上学における超越概念とは異なるような〈超越〉概念を、独断論に陥る危険を冒しながらも、カントに先立って、展開した人物だと言えるであろう。

さらに言えばデカルトは、神の存在証明を、因果の原理に依拠しながら厳密に理論的な論証として遂行しうると考えていたわけではなく、むしろ、私と神との不可避の関係という点からすれば、デカルトは、神の存在証明の議論を通して、私という存在者を、明証知のみをもつ単なる純粋知性の内在者としてではなく、「私の外」の神や「私の外」の物体的世界へとつねにすでに開かれている超越的内在者として、開示しようとしたと言えるのではなかろうか。別言すれば、私を凌駕するほどの思念的実在性を有する神の観念とは、純粋知性の内在領域にのみとどまる明晰判明な観念とは異なり、私を、純粋知性の内在者としてではなく、超越的内在者として逆照射するものなのである。独断的に神の存在を措定して「私の外」に絶対的な他者を認めてしまうのではなく、私と超越者との関わりを、超越的内在者としての私と超越者の観念との不可分の関わりとして理解することこそが、独断論に陥らずに、しかも、純粋知性の明証的な内在領域さえをも基礎づけることになるのである。そしてこのことをデカルトは、神の存在証明の議論によって暗に示そうとしたのではないだろうか。この意味においてデカルトは、コギトの内在領域に安住することもなければ、逆に、神という超越者に独断的に身を委ねてしまうこともなく、むしろ、内在と超越の〈あいだ〉に立っていたと言えるであろう。

以上のように、デカルトは、私を、前章で見たような単なる純粋知性の内在領域としてではなく、しかしまた、「私の外」の原因としての絶対的他者＝神の随意に委ねられる存在としてでもなく、むしろ、私を、純粋知性の内在領域を超越しながらも、しかし「私の外」の絶対的他者に絡め取られることのない内在者として、理解していたのである。

デカルトは、神をあらかじめ絶対的に措定する独断論者ではない。というのも彼は、「私」との関係を抜きにしては、しかも、私を凌駕するほどの思念的実在性に満ちた神の観念をもつかぎりでの「私」との関係を度外視しては、神については語りえないことを、さらにまた、そのことが私の超越性を開示しているということを、示そうとしたからである。つまり、「私の内」は、存在証明の単なる出発点であるばかりではなく、独断論に陥ることを回避する牙城でもある。そのうえさらに「私の内」は、けっして純粋知性の内在領域に自己閉塞しているものではなく、同時に「私の外」への超越でもある。

いやそれどころか、デカルトが神の存在証明の議論によってわれわれに示そうとしたことは、「私の外」への超越なくしては、「私の内」は「私の内」として存立しえないということである。私とは、私の内在を超越することによってこそ、私たりうるような超越的内在者である。このことは、神の存在証明が展開される以前の、「私は思惟する、ゆえに私はある」という第一原理の発見のための「第二省察」の段階ではいまだ明確化されてはいなかったのであるが、神の存在証明が遂行されることによってはじめて顕在化してきた事態である。

認識と存在の関係という、デカルトにかぎらず、近代哲学一般に共通する根本問題に対しても、神の存在証明を介して開示された〈自己の超越性〉という視点からあらためて再検討してみることが、デカルトによってわれわれに課せられた課題だと言えるであろう。

注

（1）本書第二章注（2）を参照。

（2）この引用文での「形相的」と「優勝的」の区別について一言しておく。観念において覚知されているものが、覚知されているがままにまさにその通りに、観念される対象自体のうちにも存している場合が、対象のもつ「形相的」実在性であり、他方、覚知されているまさにその通りにではないが、観念のもつ思念的実在性を生み出しうるほどに大きな実在性を対象自体がもつ場合が、対象のもつ「優勝的」実在性である。ちなみに、この点については次の文献を参照。所雄章『デカルトⅡ』（勁草書房、一九七一年）、一五六～一五七頁。

（3）〈デカルトの循環〉については次の文献を参照。所雄章、前掲書、第二章。

第四章　世界と自己

一　物体の存在証明

1　想像や感覚の重要性

神の存在証明において私の思惟から出発したのと同様に、デカルトは物体の存在証明においても私の思惟を手がかりにする。しかも存在の証明とは、神のそれであれ物体のそれであれ、「私の外」の存在の証明であるかぎり、思惟の内部にとどまり続けることはできず、思惟から存在への〈超越〉を果たさなければならない。このように物体の存在証明は、思惟を出発点に据えながらも、思惟の外部への超越として遂行されなければならない点において神の存在証明と共通している。

しかしながら他方、神の存在証明が、既述のように、私を凌駕するほどの神の観念の「きわめて大きな思念的実在性」にその証明の核心を見出したのに対して、物体の存在証明においてデカルトが証明の足場として着目したのが、方法的懐疑においては不確実なものとして退けられた想像や感覚である。「ほんの少しでも疑いを含むと想像されるおそれのあるものはみな、ぜったいに間違っているとして退けるのが必要だ」（『方法序説』ATⅥ31, 邦訳Ⅰ38, Vgl.『省察』ATⅦ24, 邦訳Ⅱ37）という、デカルトの確固とした厳しい哲学的態度において、一旦は否定された想像や感覚に対して、物体の存在証明においてあらためて重要な役割が与えられるというのは、いかにも皮肉でありまた奇妙で唐突にも思われるかもしれない。この皮肉や奇妙さのうちにこそ、一方では、たしかにデカルトにおける理論的態度と実生活との関係に関する大きな問題が存するのではあるが、しかし他方では同時に、そこにこそデカルトという人間の鋭い現実感覚が、つまりおのれの哲学体系の破綻という危険をも顧みずに自己と世界の根源的な関わり方を追究しつづけようとする真摯な態度が看取されるのも事実である。なお、デカルトにおける理論的で哲学的立場と実生活の関係については、本章の後半部分および次章において詳しく論じることにする。

ところで物体の存在証明は、知性と想像力の比較を通して両者の相違を明確にし、そのうえで想像力と物体の関係を吟味し、その次に感覚を吟味するという段階を経て遂行される。

2　知性（intellectus）

知性は、物体を明晰判明に知解させはするものの、しかしながら知性によって知解される物体の観念は、想像や感覚から得られる物体の観念とは異なり、あくまでも「純粋数学の対象」（『省察』AT Ⅶ71. 邦訳Ⅱ93）であるかぎりでの物体の観念、つまり、延長を本質とするかぎりでの純知性的な物体の観念にほかならない。もちろんこのかぎりにおいても、物体が存在する、とは言いうるのであるが、しかし「物体即延長」としての存在とは、例えば視覚における色の観念とか触覚における熱の観念あるいは想像力の作用による観念などに対応するものとして「自然によって教えられた」（『省察』AT Ⅶ76. 邦訳Ⅱ98およびAT Ⅶ77. 邦訳Ⅱ99）ところの、「私の外」の何らかのものの存在ではなく、「独り精神のみによる洞見」（『省察』AT Ⅶ31. 邦訳Ⅱ46）による「私の内」なる観念的存在にすぎない。この意味において、知性という、「精神」の本質をなす思惟様態によって知解されるかぎりでの物体の存在とは、可能的な存在にすぎず、けっして現実的存在ではない。

3　想像力（imaginatio）

知性によって私は、三角形が三つの辺に囲まれた図形であることを概念的かつ一般的に知解する。しかしまた知性に想像力が加われば、三角形をより具体的かつ個別的に認識することができる。というのも想像力とは、概念的に知解する能力ではなく、対象が現前していなくても「あたかも現前しているものであるかのごとくに精神の眼によって見つめる」（『省察』ATⅦ72, 邦訳Ⅱ93-94）能力だからである。[1]

とはいえ、千角形を想像力によって的確に思い描くことは不可能であり――というのも、千角形を想像したと思ってもそれが万角形やその他の多数の辺からなる多角形の想像的観念とは区別がつかないからであるが――千角形は知性によってのみ概念的かつ一般的に知解されうるにすぎない。ここにこそ知性と想像力の区別徴表が認められるとともに、三角形を〈想像力に助けられた知性〉によって具体的に思い描く場合には、たんに知性によってのみそれを概念的に知解する場合とは異なって、或る「心の緊張」（『省察』ATⅦ73, 邦訳Ⅱ94）が必要とされることもわかる。

想像力が知性と異なるのは、知性が私の精神の本質である思惟そのものであり、それゆえ知性による知解は、自己自身にのみ、つまり「私の内」にのみ向かうのに対して、想像力は、それが私の精神の一つの思惟様態ではあっても、私の本質に属するものではなく、したがって想像力は、私とは別個の、おそらくは「私の外」に存在する何らかのものに依存しているはずであり、推測するに、その何らかのものがすなわち物体であろうし、また、想像力における「心の緊張」も「私の外」のこの物体への志向に由来すると思われる。

以上のような想像力についての考察からデカルトは、物体の存在が「私の外」に「蓋然的に」推測されるのである、と結論する。こうして知性によっては概念的に単に「可能的」として証明された物体の存在は、知性とは異なり「私の外」へと志向的に〈超越〉する想像力においてはより具体的な仕方で、「蓋然的」存在として証明されることになる。

しかしながら想像力における物体の「蓋然的」存在の証明によっては、物体の存在が「必然的に」論証されたわけではないのはもちろんである。そこで次にデカルトは、非現前の現前化としての想像力よりも、物体への〈超越〉がより直接的な現前化だと「自然によって」見なされている感覚についての吟味へと移っていく。

4　感覚（sensus）

デカルトは、感覚の吟味から物体の存在を証明する議論をおよそ以下のような段階を踏んで展開している。

まず第一に、感覚は、或る事物の堅さや熱などの触覚的性質とか光や色の視覚的性質、さらには香りや味や音などの性質を受容する外部感覚として、「受動的な能力」（『省察』ATⅦ79，邦訳Ⅱ101）ないし「感覚的な事物の観念を受納し認識する能力」（同上）である。というのも感覚は、物体の本質である延長を能動的に知解する知性や、現前していないものをみずから自発的に像（imago）によって想い描く想像力とは異なり、私が見ようともせず聞こうともしない場合でも、見ざるをえず聞かざるをえないからであり、逆にまた、私が勝手に見たいと思い聞きたいと思っても、私に色や音が感覚されてくるわけでもないからである。さらに言えば、感覚的観念は、私自身に由来する知性や想像の観念よりもはるかに生き生きとして判然たる観念（『省察』ATⅦ75，邦訳Ⅱ97）でもあるから、感覚の受動性は、なにか私自身とは異なる「私の外部」の物体を予想させるからである。

しかしながらもちろんこのことからただちに、感覚的観念に直接的に対応する物体が「私の外部」に現実的に〈存在する〉ことが証明されるわけではない。なぜならばそのように「自然によって教えられた」外的物体の存在への信頼は、まさに方法的懐疑において、不確実なものとして退けられていたからである。

したがって目下のところ確実に言えることは、感覚とは「受動的な能力」だということだけであって、このことを越えてさらに、物体の存在が確証されたわけではない。

第二段階として、しかし少なくとも感覚が「受動的能力」であるからには、この感覚的観念を生み出す「能動的な能力」が、どこかに、すなわち、私の内にか、それともほかのものの内にか、存在していなければならないはずだ、と考えてデカルトは議論をさらに進めようとする。つまりデカルトは、感覚の受動性という疑いえない事実に関して、それを、〈根源的な受動性〉[2]、つまり、それ以上は背後に遡行してその根拠を求めることのできない原初的な事実性、だと解する可能性をはじめから排除してしまい、受動性にはかならずや、その受動性を惹き起こすより積極的な能動性が対応しているはずだ、というように、より限定された立場からみずからの議論を展開していると言えよう。

ところで、〈感覚の受動性〉に関して、それを、感覚以外の能動的な能力なり実体なりに帰する必要があるのかどうかという問題は、哲学の歴史全体を通じての大問題であり、そしてこの問題に対する解答の仕方如何によって当の哲学の基本的立場が左右されるほどである。

しかしながら少なくとも、デカルトからカントにいたる近代の哲学者は、一般に合理論者であれ経験論者であれ、感覚や知覚を、単なる受容的能力としてではなく、能動性をも含むような**受動的総合**の働きとして捉えるフッサールやメルロ＝ポンティの受動性の理解には思いが及んでいなかったと言えよう[3]。したがってこの問題に関して、デカルトだけを責めるのは、近代哲学および現代哲学を視野に入れない狭い見方であろう。なおこの点については、本章第二節でのデカルト哲学への批判的検討の際にふたたび取り上げることにして、目下のところは、デカルト自身の言葉に忠実に耳を傾けつづけることにしよう。

第三段階として、デカルトによれば、感覚の受動性を生み出すはずのこの「能動的能力」は私自身の内には存在しえない。というのも、この能力は感覚的観念という不分明で不確実な観念を生み出す能力であるからには、それは、明晰判明に知解する私の知性の能力であるはずがなく、また、感覚的観念は私の意に反してさえも産出されるからである。したがってそれは、私とは異なる或る実体の内に存在していなければならないはずである。この第三の段階においては、デカルトは明らかに、感覚的観念と知性的観念の厳格な区別を当然の前提として認めながら議論を進めている。

第四に、私自身とは異なるこの実体の内にあっては、私の感覚的観念において表象されている思念的実在性のすべてが、少なくとも同じ程度の実在性をもって、形相的にか優勝的にか、[4]内在していなければならない。したがってこのかぎりにおいてこの実体は、物体であるか、それとも、神であるか、あるいは物体より高貴な被造物（天使）であるかのどれかでなければならない。

第五に、ところが、感覚的観念を、神が直接私に与えたことも、あるいは神が天使を媒介にして私に与えたことも、私自身は知らないのであり、しかもそれのみならず、私には、それらの観念が、物体の存在に由来すると「信ずる大いなる傾向性（propensio）」（『省察』ATⅦ79-80, 邦訳Ⅱ101）が神から与えられているのである。

かくして第六に、神が私を欺く者ではないかぎり、それらの観念は神や天使に由来するものではなく、また、感覚的観念に伴う物体の存在の信仰への私のこの「大いなる傾向性」は誤ってもいないことになる。

最後に、しかも「神の誠実さ」は神の存在証明によってすでに明らかとなっているのであるから、それゆえに、物体は存在する、と結論せざるをえない。

以上のようにしてデカルトは、感覚の受動性と、物体の存在への私の信仰と、神の誠実さとに基づいて、物体の存在の証明を行ったのである。

二　哲学と自明性

1　自明性と哲学の厳密性

以上のようなデカルトの物体の存在証明の議論を、われわれはどのように解釈し、またどのように評価すべきなのであろうか。この点については、まず、デカルトの議論に接した場合におそらくや誰しもが抱くであろう素朴な疑問についてあらかじめ考察し、そのあとでデカルトの議論を批判的に吟味することにしよう。

ところで、誰もが感じる疑問とは、それが素朴であればあるほど、その疑問に対して〈哲学的に〉説明することが困難なものなのであるが、それは次のような疑問である。すなわち、そもそもなぜ、物体の存在を証明しなければならないのであろうか。あるいは同じことであるが、物体の存在はわれわれにとっては自明なことなのであるから、それは、証明されたあとではじめて確証されたと言えるようなたぐいの事柄ではないのではないのだろうか、という疑問である。つまり、物体の存在とか外的世界の存在は、それなしにはわれわれの実践的な生活が成立しえないような根本前提なのであり、その意味でそれらの存在は哲学的な証明以前の自明の事柄なのであり、それゆえにそれをことさら身構えて〈哲学的に証明する〉ことなどは必要のないことではないのだろうか、という素朴な疑問である。

実のところ、デカルト自身も、「自然によって教えられるもののすべてが何らかの真理をもっているということには、疑いはない」（『省察』ATⅦ80．邦訳Ⅱ102）と語ることによって、この自明性の或る意味での〈確実性〉ないし〈真理性〉を十分に自覚してはいたのである。しかしながらそれだけになおのこと、彼は、他方では、その自明性を哲学的な「証明」によって白日の下にさらすことが哲学者の使命であると考え、「実生活」上の観点からすれば〈大げさ〉とも思える方法的懐疑を遂行し、その懐疑によって得られた「私は思惟する、ゆえに私はある」という原理を手がかりに、物体の存在証明に着手したのである。

物体の存在の証明が、彼の厳密な哲学にとって最重要な問題にならざるをえなかったのは、彼が、「私の内」の観念だけが明晰判明で絶対に確実なものだという根本前提を維持しつづけるからなのである。つまりこの前提に立つかぎり、当然のごとく、「私の外」は明証的ではないものへと変じ、外的世界は不明で未定な世界とならざるをえなくなるからである。言い換えれば、この前提に立つかぎり、デカルトは、「私の内」の直接的で明晰判明な観念を手がかりにして、いかにして、われわれは「私の外」の不確実な物体の存在を確信できるようになるのだろうか、という問題を設定せざるをえなくなるのである。

さらに言えば、デカルトは、存在の領域を、直接的に確実な内部領域と直接的には確実でない外部領域とに分けてしまったために、この区別された二つの領域を、内部から外部への〈超越〉という仕方で、ふたたび統一しなければならない〈責め〉を引き受けざるをえなくなったのである。

このように、コギトの確実性を第一原理とするかぎりは、私の内部の意識の領域から、いかにして私の外部の物体の領域へと〈超越〉してゆくことができるのかという仕方で、物体の存在問題が設定されざるをえなくなるわけである。意識の内部と外部の区別をはじめから前提してしまうような意識内在主義は、確実な「私の内」から不確実な「私の外」への超越の問題として、物体の存在を「証明」するという問題を背負い込むことになるのである。

ちなみに、物体の存在証明という問題は、デカルトにかぎらず、その後のカントやディルタイにいたるまでの近代から二十世紀初頭にかけての哲学の論争の的であった。というのもこれらの哲学は、意識内在主義、およびそれと不可分な認識論主義をその本質的特徴としており、そのかぎりそこにおいては意識の内部から意識の外部の存在への〈超越〉という問題、ないし内部の認識から外部の存在への〈超越〉という問題が生じてこざるをえないからである。[5]

ところがこのような問題設定が、じつはその当初から避けがたい困難をみずからのうちに含んでいることもまた明らかであろう。

　というのも、もしも意識の確実性のみを最後まで徹底させようとする立場に立つならば、観念される対象を、〈意識の外部の対象〉という意味としてではなくして、もっぱら数学的対象のように、直接的に明晰判明に知解される〈意識の内部の対象〉としてのみ理解しなければならないはずであり、そしてその場合には、物体とは、数学的対象であるかぎりの物体以外にはありえず、それゆえまた「感覚の受動性」の介在する余地などはまったくないことにもなるからである。そしてこのように理解してこそ、意識内在主義という立場に論理的整合性を与えることもできるようになるのである。というのもこの場合には、意識の外部の存在の想定などは終始一貫して遮断されるからである。

　しかしながらデカルトは「感覚の受動性」の介在を許し、しかも「私の外」の物体の存在への信仰という「大いなる傾向性」をも「自然の教え」として認めている。この意味においてデカルトは意識内在主義の立場の徹底化に対して明らかに躊躇していたと言えるであろう。

　これら両者、すなわち、内部の確実性に立脚する立場と、「私の外」への信仰ないし志向性を認める立場とは、根本において対立しあう二つの立場として、それらを調和させることはまったくもって至難の業であるように見える。この困難を一挙に解決するためにデカルトが最後の切り札として持ち出してきたのが、「神の誠実さ」というカードであったわけである。そしてまた神の誠実さに頼りながら物体の存在への信仰の真理性を保証しようとしたという点においては、デカルトは、神に頼らずにそれを為そうとしたカントやディルタイとは異なる道を歩んだのである。

2　心身結合論への助走

　以上のように、デカルトは、意識内在主義を最後まで徹底させはしなかった。しかし人はこのことを、デカルトの不徹底として批判することができるのであろうか。あるいはまたデカルトが、厳密な哲学者としては意識内在主義をあくまでも維持しようとしながらも、他方、実際の生活者としては外的物体の存在を素朴に認めようとしたという点において、矛盾を犯しているのではあるが、しかしそれ以上にこのことはむしろ、デカルトという人間の優れた柔軟性の証しであると解釈することによって、ことを済ませることができるのであろうか。これらの問題は、デカルト哲学の、いや、デカルトという人間の、根本問題であり、容易には答えがたいものではあるが、次章においては、これらの問題に対するデカルトの対処の仕方について詳しく吟味することにしよう。

注

（1）「想像するということは、物体的な事物の形姿、言うならば像、を観想すること」（『省察』ATⅦ28, 邦訳Ⅱ41-42）である。

（2）この点については、拙著『経験と存在――カントの超越論的哲学の帰趨』（東京大学出版会）の第一章第四節「外的知覚の直接性」（二三～二六頁）を参照されたい。

（3）たとえば、メルロ＝ポンティは、彼の主著『知覚の現象学』（第二巻、みすず書房、一九七五年、三三二頁）において次のように語っている。「受動性と呼ばれているものは、外的実在のわれわれによる受容や、外的なもののわれわれに対する因果的な働きかけなどではない。それは一つの受託であり、一個の状況内存在なのであって、それに先だってはわれわれは存在しないのだ。われわれはそれをたえずやり直さねばならず、それこそがわれわれ自身を構成するものなのである」。

（4）本書第三章の注（2）を参照。

（5）この問題に対するカントの立場については本書第八章を参照。ディルタイは、"Beiträge zur Lösung der Frage vom Ursprung unseres Glaubens an die Realität der Außenwelt und seinem Recht"（1890）（*Gesammelte Schriften*, Bd. V, 6. Aufl. S. 90-138）（『ディルタイ全集第三巻』（法政大学出版局、二〇〇三年）所収の「外界の実在性論考」）という論文において、ヒュームやカントが観念や認識などの表象を手がかりにして外的存在への超越を論じていることを批判し、抵抗感や感情や意欲など生の全体的連関に力点を置きながら、外的世界の存在の問題を論じている。しかし、ディルタイも意識の内部から意識の外部への超越という問題設定のもとで存在問題を理解していたという点では、デカルトと同根だと言えよう。

ところがそれに対して、ハイデガーは次のように語ることによって、デカルトからディルタイにいたる西洋近代哲学における外的世界の存在問題に関して、その問題設定の仕方そのものが人間存在（現存在）と世界の関わり方を根本から取り逃していると批判している。すなわち、「そもそも世界というのものが存在しているのかどうか、また、世界の存在が証明されうるのかどうかという問いは、世界内存在としての現存在が設定する問いとしては……無意味である」（『存在と時間Ⅱ』、中央公論新社中公クラシックス、二〇〇三年、一七五頁）。なぜならば、現存在とは意識内存在ではなくつねにすでに世界へと超越している存在だからである。

第五章　心身問題とデカルト哲学の意義

一　心身分離と心身結合

1　精神と身体の実在的区別

本書第一章から第四章までのデカルト哲学についての論述から明らかなように、デカルトは、方法的懐疑を通して「思惟するもの」=「精神」としての「私の存在」を確立し、それに基づいて「神の存在」を証明し、さらには身体をも含めた物体の「本質」が「(想像力に助けられた)知性」によって「延長」として明証的に観念されることを明らかにし、最後に、誠実な神による保証のもとに物体世界の「存在」を証明した。

こうして思惟を本質とする「精神」と延長を本質とする「物体」はたがいに本質を異にし、それゆえに両者は相互に作用を及ぼさない独立な「実体」と見なされ、ここにデカルトの(理論)哲学=形而上学の帰結である「精神と身体(物体)の実在的区別」(『省察』ATⅦ71、邦訳Ⅱ93)、つまり物心二元論ないし心身二元論が成立する。

2　〈人間〉における心身結合の事実性

ところが、デカルトは心身二元論を帰結とする形而上学を打ち立てたにもかかわらず、『省察』の「第六省察」、とくにその後半部分において、痛みや飢えや渇きなどの感覚のうちに、精神と身体の合一を認め、それによって心身分離を帰結とする彼の形而上学とは相容れない心身結合について語っている。あるいはまた本書第四章で論じたように、物体の存在証明のために、方法的懐疑においては可疑的だとして退けた「感覚」や、外物の存在を信じる「感覚」における「大いなる傾向性」を手がかりにすることも、心身結合の容認を予想させるものであろう。『省察』以外でも、例えばデカルト晩年の著作『情念論』（一六四九年刊）においては、身体から独立なはずの精神に関して、精神と身体の結合を前提する「精神の受動」としての「情念」、すなわち愛や憎しみや喜びや悲しみなどの感情について主題的に論じている。精神の受動的能力としての感覚や情念は身体との関係なくしては不可能である。したがって精神の能力である感覚や感情について語ることは、とりもなおさず身体と精神との結合、すなわち物心結合ないし心身結合という事態をデカルトが認めていることを意味する。

例えば、身体が損傷を被ると精神は痛みを感じ、逆に、精神が意志することによって身体的行為が生じるというように、身体が精神に作用したり、逆に、精神が身体に作用を及ぼすという両者の相互性は日常生活の紛れもない事実であり、デカルトがこの事実を無視できなかったのは当然といえば当然である。もしも精神と身体がまったく独立であって相互に影響しあうことがないとするならば、

身体が傷つけられるという場合、思惟するものにほかならぬこの私［＝精神］は、それだからといって苦痛を感覚することはなくて、純粋な知性によってその傷を、あたかも水夫が舟の中で何かが壊れるとするとこれを視覚によって知得するのと同じように、知得するであろう。……渇き、飢え、苦痛、等々の感覚とは、精神が身体と合一していていわば混合しているということから起成した或る不分明な思惟様態にほかならない。（『省察』ATⅦ81. 邦訳Ⅱ103）

「自然によって教えられる」（『省察』ATⅦ80. 邦訳Ⅱ102）このような心身結合の事態は、この「自然の教え」とは区

別される「自然の光［＝理性］」（『省察』ATⅦ38，邦訳Ⅱ56）が照らし出す心身分離の立場、すなわち精神と身体を独立な実体とする物心二元論の立場とは相容れないことは明らかである。

こうしてデカルトは、一方では、形而上学ないし哲学的認識論としては、非物質的で不可分な精神を、可分的な物体（身体）から厳密に区別する心身二元論を打ち立てながらも、他方では、身体と精神の相互の影響関係という日常的現実性を「自然の教え」として受け入れている。デカルトは、現実の日常生活を生きる心身結合体を「人間（homo）」（『省察』ATⅦ88，邦訳Ⅱ110）という概念によって理解しているが、人間における精神と身体の結合は感覚や感情において経験される否定しえない事実なのである。

3　身体の二義性と精神の二義性

心身結合体としての人間における身体とは、けっして心身分離における物体即延長としての身体、つまりは精神なき自動機械としての身体ではないはずである。というのも、もし人間の身体が物体であるならば、物体である道端の石への刺激が石にとっての痛みではないように、身体への刺激が精神によって痛みとして感じられることはないはずだからである。人間の身体とは、内なる思惟する実体としての精神の単なる外皮とか衣装ではなく、むしろ、身体は、精神そのものの表現ないし表情としての〈意味〉をもつようなものと理解すべきであろう。したがって心身結合体としての人間の身体は、表情のない無意味な物体的身体ではなく、精神的身体、心をもつ身体である。

かくして身体概念には、心身分離の立場からの物体的身体と心身結合の立場における人間的身体との二義性を見届けることができるであろう。

他方、心身結合体としての人間における精神とは、心身分離における「思惟するもの」としての精神、空間性をもたない精神ではなく、身体なしには存在しえないような精神であり、身体的行為や身体的表情が同時に精神の表現と見なしうるような精神であろう。身体性と不可分なこのような精神は、明らかに純粋な思惟作用としての精神とは異なる。

　したがってここには、精神概念の二義性、すなわち心身結合体における精神と心身分離における精神との二義性を認めることができるはずである。

4　心身結合と実践哲学

　以上のことから、身体的精神ないし精神的身体としての人間が、心身の実在的区別を基本的立場とするデカルトの形而上学の中には、つまり思惟としての精神と延長としての身体を実在的に異なる二つの実体と見なすデカルト形而上学の中には、占めるべき位置をもたないことは明らかである。この意味において心身結合体としての人間について言及するときのデカルトは、「私は思惟する、ゆえに私はある」を第一原理とする彼の形而上学の立場とは異なる立場に立っていることになる。

　ところでこの心身結合の立場の射程はデカルトにとっては非常に広いことに注意する必要がある。それというのも心身結合という事態によって彼が考えているのは、たんに一個の人間の内部における心と身体の相互関係のみではないからである。彼は、既述のように、心身分離を帰結とする「自然の光〔＝理性〕」の介助のみで認識される思弁的真理」という形而上学的立場と、「信仰あるいは実生活に係わる事柄」とを、すなわち「〔真理の〕認識に係わる事柄」と「行動に係わる事柄」とを区別し、後者の実生活での実践に係わる立場を心身結合の立場と同一視している。

　つまりデカルトにとって心身結合の立場とは、孤独な人間の内部での心と身体の相互関係のみならず、或る人間と他の人間との関係という道徳的実践や社会的コミュニケーションをも含めた広い領域に関わる立場でもある。

魂［＝精神］と肉体との結びつきは、ただ日常の生活と日頃の人との交わりを通じて……はじめて理解できるようになる。（エリザベト宛書簡、AT Ⅲ 692, 邦訳Ⅲ 295）

この意味において心身結合の立場とは、デカルトの理論哲学＝形而上学とは区別されるデカルトの実践哲学の立場でもある。心身結合という人間の実生活での事実性は、デカルトにとっては同時に行為的実践の場面なのである。

二　心身問題とデカルト

1　心身結合の自然学的説明とその問題点

デカルトは、「精神は身体から実在的に区別される……にもかかわらず、精神は身体と緊密に結びついていて、両者が合して一つなるものを形づくる」（『省察』AT Ⅶ 15, 邦訳Ⅱ 24）と語り、一方では、形而上学の立場から心身分離を説くとともに、他方では、実践的立場から感覚や感情における心身結合を容認している。デカルトが精神と身体の関係について、相容れない二つの見方を語っていることは否定しえない事実である。

もしこれらの異なる見方が同一の観点から主張されているとするならば、そこには矛盾対立が存すると言わざるをえない。しかしながらまた心身分離と心身結合が同一の観点ではなく、異なる観点からの主張だと解釈できるならば、そこにはかならずしも矛盾があるとは言えないことになろう。それではデカルト自身は、心身分離と心身結合という異なった見方をともに容認する際にどのような観点に立っていたのであろうか。

この問題に対してデカルトは、『省察』の「第六省察」前半までの心身分離という形而上学的立場からの記述とは異なって、心身結合について語り出す「第六省察」後半部分（『省察』AT Ⅶ 86-87, 邦訳Ⅱ 108-109）やあるいは『情念論』

においては、自然学的ないし生理学的説明を与えている。

それによれば、精神と身体は、脳髄全体ではなく、その一部の部位を構成している「松果腺（glans pinealis）」において相互に関係しあう。例えば、身体に外的刺激が与えられると、「動物精気（spiritus animalis）」という物質を媒介にしてその刺激が松果腺にまで伝達され、松果腺に座を占めている精神のうちに受動的な感覚や感情が生ぜしめられる。逆に、「精神は、そこ［松果腺］から、［動物］精気や神経や、さらには血液を介して、身体のすべての他の部分に、放射する」（『情念論』ATⅪ354，邦訳Ⅲ182）。つまり精神が松果腺における動物精気を統御することによって有意的な身体運動としての行為を惹き起こすというわけである。

しかしながら、心身二元論の立場からすれば、精神は身体とは異なり非延長的な「思惟するもの」であり、それにもかかわらず、精神が、脳という身体の一部分を占める松果腺や動物精気という生理学的要因によって、身体と相互に影響を及ぼしあうのだ、というこの自然学的で機械論的な説明は、心身結合の事実の説明としては説得的なものとは言いがたい。

デカルト哲学のよき理解者であり、また彼に『情念論』執筆の動機を与えたボヘミア王女エリザベトが、松果腺において心身の相互関係が成立するためには、松果腺に位置を占める精神もまた物質的な延長体でなければならないはずであり、しかしもし精神が延長体であれば、デカルトは心身分離という形而上学の基本的立場を放棄せざるをえなくなる、とデカルト宛書簡（6/16.mai. 1643, ATⅢ661 および 10/20. juin. 1643, ATⅢ683-685）で問いかけたことの真意も、心身結合を自然学的に説明することの問題点を鋭く指摘することにあったと言える。

2　心身の分離と結合の両立

そもそも、精神と身体の相互関係が理論的にどのように説明されようとも、現実に生活し実践している人間（心身合一体）にあっては、身体なき精神も精神なき身体も単なる抽象物にすぎない。現実の場面では、心身結合を人間存在の根源的事実性として認めざるをえず、デカルト自身もまたその現実を率直に受け止めてはいたのである。

それにもかかわらず、なぜデカルトは、形而上学においては心身分離を、他方、実生活では心身結合を、というように、明らかに矛盾すると思われる二つの立場をともに語り出すことができたのであろうか。

この問いに対するデカルトの答えは、エリザベト宛の二つの書簡のうちに窺える。まず最初の書簡（21. mai. 1643, AT Ⅲ 663-8, 邦訳Ⅲ 289-293）において注目すべきことは、デカルトが、「思惟するもの」としての「精神」と、延長を本質とする「身体（物体）」と、「心身合一体」とを、三種の「始元的概念」だと見なしているということである。これら三種が「始元的」だということは、これらの概念が相互に還元不可能な概念であることを意味し、例えば、身体の概念を心身合一体の概念によって理解したり、精神の概念を身体の概念によって理解したりすることが誤りであり、それゆえそれぞれの概念は、それ自身によってしか理解されえず、三種の概念は相互の独立性を保っている、ということである。さらにこの書簡によれば、『省察』の主題は、あくまでも精神と身体の実在的区別つまり心身分離を形而上学的に確立することであり、それに対して、『省察』の「第六省察」後半部分では、形而上学における心身分離とは独立した観点から、心身結合について簡単に触れたにすぎない。

次に、第二の書簡（28. juin. 1643, AT Ⅲ 690-695, 邦訳Ⅲ 294-298）においてデカルトは、三種の始元的概念のうち、精神は「純粋知性」によって、身体は「想像力に助けられた知性」によって、そして心身結合体は「感覚」によって、それぞれ明瞭に理解されることを述べたあとで、心身合一は、精神の理解を旨とする形而上学によるのではなく、また身体（物質）の理解を旨とする数学によるのでもなく、いやそれどころか、形而上学や数学を極力控えて、「ただ日常の生活と日頃の人との交わりを通じて」のみはじめて理解できるものであると説く。この書簡においても、三種の概念が相互に還元できないものであると語る最初の書簡と同様に、人間精神が、心身分離と心身合一を同時には判明に理解できないことを、つまり分離と結合を同じ土俵においては理解不可能であることを強調している。

以上の二つの書簡からわかるように、第一に、デカルトにとっての心身合一の立場とは、日常的な実践生活の事実をたんに物語っているだけのことであって、そのことと、心身分離という形而上学的・哲学的思索とは厳密に区別されなければならない。哲学と実生活、理論と実践は、相互に独立した事柄であり、両者を同一の観点から論じることはできない。

したがって第二に、デカルト哲学は心身分離と心身結合のあいだで矛盾に陥っているのではないのかというエリザベトの質問は、デカルトからすれば、分離と結合が同一の観点ないし同一の次元にあることを前提としたうえでの質問であり、したがって両次元を混同したものにほかならない、ということになる。

それゆえ第三に、デカルト本人にとっては、次元の異なる心身分離と心身結合のあいだには、矛盾などははじめから存在しなかったということになる。彼にとっては、分離と結合のあいだに矛盾を認めたうえで、その矛盾をどのように解決すべきなのか、という意味での心身問題というのは、元来、彼の意図を捉え損なった問題の提示の仕方にほかならないのである。彼にとっては、心身結合は、そしてまた心身問題は、彼の形而上学ないし理論哲学にとってのいわば内部問題なのではなく、したがって形而上学の立場から解決されるべき問題ではなかったわけである。

方法的懐疑を通して確立した哲学的立場としての心身二元論と、日常的・実践的在り方としての心身結合とが、矛盾対立していることをあまり意識せずに、分離と結合という、一見して明らかに齟齬する事態について、デカルトが躊躇なく語りえたのは、以上のような理由によるのである。そしてこのことはまた次のようにも解釈できるかもしれない。すなわち、デカルトは、心身分離という彼の形而上学における二元論の根底において、形而上学と日常生活との二元論、つまり理論哲学と実践的生活との二元論という、より根源的な二元論を前提していたのである。

デカルトのテキストに即するかぎり、たしかに心身の分離と結合の関係については以上のような解釈が妥当なものだと思われるし、また、デカルトにおける心身問題なるものをそのように解釈することがデカルトに対する伝統的な解釈でもあったのである。[1]

三　デカルト哲学の問題点

しかしながら、以上のようにデカルトを解釈することによってわれわれは、心身分離というデカルト形而上学と心身結合という実生活上の事実性とのあいだにある相違に関して納得のゆく決着をつけることができたと確信できるのであろうか。言い換えれば、心身分離というデカルトの厳密な哲学的立場と、心身結合というわれわれ人間の否定しがたい日常性の事実とは、まったく別次元のことであり、それゆえ両者のあいだにははじめから矛盾などは存在せず両者は整合的に両立し、したがって心身結合という事態は、デカルト形而上学にとっての単なる外部問題にすぎないのだとして処理してしまってよいのであろうか。

少なくとも、既述のように、心身結合と心身分離のあいだに矛盾を感得し、その点についてデカルトに厳しく問いただしたエリザベトであるとか、あるいは、デカルトに続くデカルト主義者たち（cartésiens）、例えば、ド・ラ・フォルジュやクラウベルク、さらには機会因論[2]の完成者とされるコルドモア、ゲーリンクス、マールブランシュ、そしてさらには、スピノザやライプニッツなどは、デカルト形而上学における心身分離の立場に固執することによって、心身結合という事態を、形而上学にとっての外部問題だとして退けることでことを済ませようとはしなかった。むしろ彼らは、この外部問題のうちに、したがってまた心身の分離と結合との、ひいては、哲学と日常性との、関係という事態のうちにこそ、デカルトの哲学にとってのもっとも根本的な体系的矛盾を洞察していたのである。

そしてまたわれわれとしても、近代哲学史上のこの厳然たる事実を十分に考慮に値する意義ある問題提示として重く受け止める必要があるのではないのだろうか。たとえこの根本問題に対する彼らの解決法が、心身分離の立場を一方において容認しながら、心身結合についての解釈を、弁神論的背景を宿しながら日常的事実性を超越した神に求めたものではあったにしても、しかしながら、心身の分離と結合の関係という問題を、彼らが、単なる観点の相違として簡単に解消しようとはせずに、哲学にとっての根本問題としてみずからに引き受けようとしたことは、現代のわれわれにとっても思索を駆り立てられる契機となろう。

特定の哲学者の立場やテキストのみを金科玉条のごとくに信奉することよりも、その哲学者を、後世に対する問題提起者と見なしながら、あくまでも〈事柄そのもの〉に肉薄し続けようとすることこそが哲学の伝統を重ねることであるとともに、また哲学の本来の営みであり使命でもあるとするならば、けだし、彼らがデカルトに対してとった態度はむしろ当然であったと言えよう。われわれとしても、デカルト形而上学を十分に踏まえつつ、しかしながら、デカルトがみずから身をもって示唆してくれたところの〈事柄そのもの〉について、さらに考察を深めてみることにしよう。

四　デカルト哲学の現代的意義

1　デカルト形而上学を支える場としての実践的生

本節においては、デカルトが方法的懐疑によって彼の哲学＝形而上学＝理論哲学を開始したということが何を意味するのかという問題についてあらためて考え直してみることによって、デカルト哲学の意義を明らかにしてみよう。

懐疑を通して哲学の第一原理である「私は思惟する、ゆえに私はある」を確立し、それに基づいて神の存在を証明し、さらには物体の本質と存在を究明したデカルト形而上学は、まったくの無ないし空虚からその哲学を始めることができたわけではなく、またおよそそんなことは元来不可能であろう。そうであるとするならば、デカルトは方法的懐疑によって彼の哲学を開始するにあたって、何をみずからの哲学のスプリングボードとしたのであろうか。少なくともそれは、デカルトの形而上学的立場ではないはずである。というのもいま問われているのは、彼がみずからの哲学を開始するための跳躍板なのであり、したがってそれは哲学以外の場、いわば非哲学とでも呼びうるような場であるはずであり、そのような場に暗黙に依拠することによってこそ、彼は彼の哲学を開始することができたと思われるからである。

デカルト哲学の遂行を彼に可能にしまたそれを支え続ける場とは、ほかならぬ心身結合の日常的実践の場なのではないのだろうか。たとえデカルトが哲学を始めるにあたって、「ひとり自然の光〔＝理性〕の介助のみで認識される事柄」つまり「認識に係わる事柄」だけを志向しようとし、「信仰、あるいは実生活、に係わる事柄」つまり「行動に係わる事柄」を一旦エポケーするのだと明確に宣言していたとしても、この日常的実践の場、つまりデカルト本人が現実に生きている場なくしては、おそらくやデカルトは彼の哲学を開始することができなかったはずである。批判を顧みずにさらに大胆に言えば、この生きる場こそが、つまり、心身合一という実生活の場こそが、実のところ、デカルトがみずからの哲学の内部において確立した第一原理、すなわち絶対に確実なものとしての「思惟する私の存在」をも、あらかじめ暗黙に支えている〈確実性〉の場なのではないのだろうか。

われわれのこのような見方を裏づけるかのように、当のデカルト自身がみずからの哲学を締めくくる『省察』の「第六省察」の最終段落において次のように語っている。

もはや私は、私に日々感覚によって表示されるものが偽でありはしないかと、惧れなければならぬことはないのであって、先日来の誇張された懐疑は、一笑に付すべく、撤廃されなければならない。とりわけ、覚醒から私が区別しないでい

た睡眠についてのあのこの上ない懐疑がそうである。（『省察』ATⅦ89, 邦訳Ⅱ111）

デカルトがみずからの哲学を始めるにあたって当初は懐疑によって排去した感覚や現実世界を、最終的には、たとえ形而上学的な神の善性による保証という仕方によってではあるにしても、ふたたび回復しようとしたということそれ自身が、感覚的現実世界における実践的な場を、デカルトみずからが究極の拠り所としていたことの証左なのではないのだろうか。

このように見てくると、たしかに、デカルト形而上学にとっての哲学の第一原理は思惟する私の存在なのであるが、しかしながらその哲学がその体系を樹立し展開しうるためにあらかじめ前提せざるをえなかった日常性の実践的場こそが、より根本的な〈確実性〉の舞台であり、また疑おうとしても疑いえず、あらゆる疑いがそこから湧出してこざるをえないところの生の基盤ないし岩盤であると言えるであろう。

デカルトの形而上学ないし理論哲学は、このような場としての実践的生についての反省哲学なのであり、非反省的な生の場にたえず立ち戻りながらしかその哲学を展開しえない哲学なのである。したがってまた、デカルトが日常の非反省的な実生活を判断中止することによって形而上学の道に歩み入りながらも、「省察」の果てにはふたたび現実の外的世界の存在に還帰せざるをえなかったのも、けだし当然であろう。

もちろん、デカルト形而上学にのみ立脚しながらデカルトを理解しようとする人は、〈確実性〉の意味をこれほどまでに拡大解釈するのはデカルト哲学からの逸脱だとして非難するかもしれない。しかしながら筆者には、デカルトがみずからの哲学の根本的な自家撞着の危機をも顧みずに――本章第二節で言及したように、デカルト本人は心身の分離と結合のあいだの齟齬を危機とは自覚していなかったと解釈することもできるのではあるが、しかしそれにしても――心身結合としての実践的生を根源的事実性として受容し続けたということこそが、デカルトという〈人間〉

の、あるいは、形而上学に限定される狭義の哲学ではなくして広義のデカルト〈哲学〉の、時代を超えた意義だと思われる。

2　心身分離と心身結合の相互的基礎づけ

しかしながら、以上のように、心身結合としての日常的生を、デカルト形而上学の暗黙の足場ないし基盤だと解するとしても、このことがまたけっして、デカルト形而上学が一方的に実践的生に依拠するだけなのだということを意味するわけでもない。なぜならば、もしもそうであるとすればデカルト哲学そのものが無に帰してしまうからである。

デカルトの言う実践的生とは、けっしてデカルトの反省哲学の外部に、彼の形而上学とは独立に、物自体のような不可知の存在として独断的に措定されているのではない。実生活を物自体のように解することは、生き生きとしてたえず流動的な場であるそれを、なにかすでに出来上がった既成のものと見なすことになってしまい、そしてそのことはまた、心身結合という、精神と身体との絶えざる相互作用を、あたかもデカルトが生理学的にそれを説明しようとしたように、機械論的な相互作用として捉えることにもなってしまうであろう。心身合一としての実践的生は、精神を物体的身体に還元してしまうような物質的なものではないのである。

しかしながらまた、心身合一としての実践的生の場面とは、心身の哲学的な区別をまったく認めないような、なにか盲目的な心身の一体性、例えば、自己と他人の差異とか自己と外物の差異などをいまだ知らない段階の乳児における自己と外的世界の一体性のような合一性、を意味するのでもない(3)。心身合一は「日常の生活と日頃の人との交わりを通じて」理解されるものだとデカルトが語っていることからわかるように、それは、けっして精神と身体の差異や自己と他人の差異や自己と世界の差異を廃した無差別的な一体性ではない。

しかしまたデカルトの言う心身結合がこのように差異を内包した合一性であるとはいうものの、心身合一の実生活は、精神と身体の差異に無自覚的なままに現実世界に埋没しがちであるのも事実であろう。そしてそうであるからこそ、心身の差異的合一としての実生活を、そのようなものとして自覚的に浮かび上がらせるためには、あえてそれを一旦排去してみようとすることがぜひとも必要なのである。もしもデカルトが、彼の形而上学的探求に際して、実践生活を棚上げにしておくという意味での方法的懐疑をことさら試みることがなかったとしたならばどういうことになるであろうか。その場合にはわれわれはおそらくや、デカルトの形而上学＝理論哲学が実践的生活の場からその糧を得ているのだということや、いやそれどころかさらには、そもそも実践的生活の場が心身合一の場でありかつわれわれの生の根源的事実性であるということにも、気づくことができなかったのではあるまいか。

その意味においては、デカルトが、実践生活や外的世界の存在をことさら遮断して、思惟するものとしての私の存在を世界から切り離された存在として確立し、それを梃子に彼の形而上学を展開したということが、かえって、形而上学と生との、ないしは、理論哲学と実生活との、相互に基礎づけあう緊密な結びつきを、つまり狭義の哲学の根底にある広義の哲学を、われわれに気づかせてくれる不可欠な営みであったとも言えるであろう。

デカルト形而上学と実生活との関係は、したがってまた心身分離と心身結合の関係は、両者のそれぞれを別次元、別の観点として峻別してたんに併存させることができないのはもちろんであるが、しかしながらまた、そうであるからといって、一方が他方に全面的に依拠するのではけっしてない。むしろ形而上学は、暗黙のうちに実践的生から出発せざるをえず、そこから離れて上空を飛翔することなどはできないのであり、その意味では形而上学は、実践的生にその足場を置かざるをえないのであるが、しかしながら同時に、他方では、デカルトが方法的懐疑という哲学的方法を用いることによって、一旦は感覚や外的世界を排去してみようとすることがなかったならば、実践的生も実践的生としての意義を十分に自覚化されることもなかったであろう。

以上のことからすれば、デカルト哲学を全体として眺めた場合、心身分離という形而上学と心身結合という日常的実践の場とは、つまり心身の分離と結合とは、たんに観点ないし次元の異なる二つの立場だとして済ますことなどはできず、かえって両者は、デカルト哲学においては互いが互いを求め合いつつ基礎づけあう二つの立場だと言えるであろう。(4)

注

（1）デカルトのテキストに忠実な心身問題の解釈については、例えば、山田弘明『デカルト「省察」の研究』（創文社、一九九四年）の「第十二章、心身の区別と合一」を参照。

（2）精神と身体は互いに直接には作用を及ぼしえないというデカルトの心身二元論を容認しながら、しかし両者の間には対応関係があり、それは、精神なり身体なりでの変化を「機会因」として、作用者である神が、一方に対応するように他方に働きかけるからだという説。

（3）乳児における主客未分の心身合一が、主客分化された心身合一へといたる過程についての興味深い研究については、次の文献を参照。メルロ＝ポンティ『眼と精神』（みすず書房、一九七八年）所収の論文「幼児の対人関係」。*Psychologie et pédagogie de l'enfant, Cours de Sorbonne 1949-1952*, Verdier, 2001。

（4）本章においてデカルトに即して論じられた哲学と実生活の関係という問題、あるいは実生活と哲学的な反省との関係の問題を、デカルトに限らず哲学一般にとっての根本問題と見なしてそれを主題的に論じた筆者の論考として、次の拙著を参照されたい。『知覚・言語・存在――メルロ＝ポンティ哲学との対話』（九州大学出版会、二〇一四年）所収の「第八章、間接的方法としての内部存在論」。

第二部　カント

第六章　『純粋理性批判』（一）——経験の可能性

一　カントの批判哲学

カント哲学のうちには、デカルト、スピノザ、ライプニッツなどの大陸の合理論とロック、バークリ、ヒュームなどのイギリスの経験論という、近代哲学の二つの潮流が流れ込んでいる。とりわけ、ヒュームの鋭い哲学的懐疑論によって、ライプニッツ＝ヴォルフ学派の合理論的形而上学という独断論のまどろみから覚醒させられたカントは、人間の理性能力一般——狭義の理性としての理論理性と実践理性のみならず、感性や悟性や判断力までも含んだ広義の理性能力——について、その可能性と限界をあらためて根本から問い直す必要に迫られた。

カントは「理性の批判」[1]というこの課題を、『純粋理性批判』（一七八一年、第二版一七八七年）、『実践理性批判』（一七八八年）、『判断力批判』（一七九〇年）という三批判書において遂行することによって、独断的合理論と懐疑的経験論のそれぞれを越権行為と見なして両者の対立そのものを解消し、そうして両者を調停する第三の道として、批判哲学ないし批判主義と呼ばれる近代哲学の金字塔を打ち立てた。本書においては、カントの批判哲学のうち、第六章から第八章においては『純粋理性批判』を中心に理論哲学を、第九章と第十章では実践哲学を、さらに第十一章から第十三章では『判断力批判』における美学や芸術論や自然目的論を論じることにしよう。

批判哲学が究極的に目指していることは、人間とは、経験できるかぎりの個々の具体的な事柄やさらには数学や自然科学などの厳密な認識だけに甘んじることのできる存在ではなく、全体としての経験や自己自身の人生、さらには芸術・宗教・哲学などの、感覚的経験を越えた形而上学的なものへの素質を本性上もっている存在であるという人間観のもとに、そのような形而上学的なものについての学がいかにして可能であるのかという問題、すなわち、形而上学的なものが、経験的懐疑論者によって不可能を宣告されることもなければ、合理論者の独断的な思いなしによって認識されてしまうこともない仕方で、いかにして可能になるのかという問題、つまり「いかにして形而上学は学として可能であるのか」（B22）という課題に答えることである。

しかも学としての形而上学の可能性という課題を達成するためには、ぜひともあらかじめ、「理性の批判」という課題に取り組まなければならない。そのためにカントは、まず、われわれの真なる認識（理論的認識）の可能性の根拠を問うことによって、経験一般の妥当範囲と限界を見定め、そのうえで次に、形而上学の伝統的な三つの対象、すなわち魂・自由・神についての従来の考え方（独断論と懐疑論）を検討し、その誤りを批判している。

本章では、学としての形而上学の可能性の根拠への問いを根底に宿しながら、カントが、数学的自然科学を含めたわれわれの経験的認識一般の可能性についてどのように考えていたのか、またそれによって、科学的認識や経験一般の限界をどのように画定したのかについて見てみることにしよう。

二　アプリオリな総合判断と思考法の革命

カントの経験の理論に関して最初に確認しておくべき重要なことは次のことである。すなわち、カントにとって経験するとは、対象を感覚によってたんに受容することではなく、対象についての判断を下すことであり、したがって経験とは「SはPである」という判断のように、主語概念Sに述語概念Pを結びつけることである。それゆえ経験の可能性の問題とは、対象が直観的に直接に模写されるような感覚や観念のレベルの問題ではなく、主語と述語の結合としての判断の可能性の問題だということである。

ところで、カントの時代およびそれ以前には、一般的に見ると、有意味な判断としては二種類の判断が認められていた。一方は、経験的事実に基づく判断であり、例えば、「この机は茶色で四角形である」とか「シーザーがルビコン河を渡った」等々の、現在や過去の事実についての経験に基づく個別的な判断であるとか、あるいは、「すべての物体は重い」とか「すべての人間は死すべきものである」という判断のように、多くの個別事例についての経験から帰納的に一般化された判断などである。他方は、「赤い花は赤い」とか「平面図形は図形である」という判断のように、たんに主語概念の一部を論理的に、つまり経験から独立に、述語として取り出したにすぎない判断である。

カントは、前者を総合判断、後者を分析判断と呼んでいる。総合判断とは、「主語概念においてまったく思考されていず」（B11）、それゆえ「主語概念のまったく外にある」（B10）概念を、述語として付加する判断であるが、それは、主語概念を越える述語との結合であることから、主語概念についての認識を拡張する判断である。それに対して、分析判断の述語は、主語概念のうちにあらかじめ含まれている部分概念であることから、認識を拡張するものではなく、また一見するとつまらない当然の判断である。

しかしながらまた、総合判断は、たしかに拡張的ではあるものの、感覚経験に基づく判断であり、しかも、カントに限らず、古代ギリシアのプラトンから近代の合理論者や経験論者にいたるまでの西洋の哲学全体の流れの中では、感覚経験はけっして確実な認識をもたらさない偶然性を有しているという共通の了解があり、それゆえに総合判断は偶然的な判断でしかないということになる。他方、分析判断は、拡張的ではないにしても、感覚経験から独立しているために感覚の偶然性には左右されないアプリオリな判断としてつねに真と認められる必然的な判断である。

ところが、独断的合理論者によれば、有限なわれわれ人間にとっては経験的事実に左右される偶然的な判断でさえも、例えば、「シーザーがルビコン河を渡った」という総合判断でさえも、すべての出来事をあらかじめみずからの予定した通りに創造することのできる神の視点から眺めれば、経験的で偶然的な総合判断ではなく、分析的で必然的な判断となる。さらにまた合理論者の立場に立てば、現実に起こる出来事の原因と結果の結合に関する判断も、経験的な総合判断ではなく、結果は原因から必然的に生起し、それゆえアプリオリな分析判断だということになる。

経験的総合判断も分析判断に還元しうると見なすこのような合理論者に対して、哲学史上有名な鋭い批判を浴びせたのが、ほかならぬ経験論者ヒュームであった。彼によれば、原因と結果の結合は、同じような種類の出来事を、例えば、火の直後の煙の発生という出来事を、繰り返し経験しているうちに、煙を知覚しただけでも火を想像ないし連想するようなものである。したがって因果関係の経験とは、われわれが因果性という必然的な概念を経験とは独立にアプリオリにもっていることによるのではなく、同種の度重なる経験の習慣化によるものなのであり、その習慣性が原因と結果の結合をあたかも必然的関係であるかのように信じ込ませているにすぎないのである。つまり彼は、合理論者がアプリオリで必然的だと解した因果関係についての判断をも、経験論の立場から、偶然的な総合判断だと喝破したのである[2]。

ヒュームのこの洞察は、自然現象についてのわれわれの認識が、けっして客観的に必然的な認識ではなく、習慣による信念に由来するものにすぎないことを主張しており、しかしそれのみならず、さらに言えば、因果性概念に基づいて成り立つ自然科学の客観的妥当性さえをも懐疑にさらすことになる。いやそればかりでなく、ヒュームの経験論は、そもそも、カントがもっとも関心を寄せる神や身体なき魂についての形而上学的な諸判断の妥当性に関しても、それらが感覚的に経験不可能であることを理由にして、それらの真理性や存在を疑うことになる。

合理論の伝統の中で哲学的思索に耽っていたカントにとっては、ヒュームのこれらの洞察はきわめて大きな衝撃であった。こうしてカントは、「独断論のまどろみ」から目覚めさせられるとともに、ことここにいたって、経験の可能性の問題を、すなわち、われわれが経験するこの世界についてはたして客観的に妥当する認識が可能であるのかどうかという問題を、自分にとっての死活問題と見なさざるをえなくなった。というのも、この課題にどのように答えるかによって、自然科学を含めたわれわれの経験一般の可能性のみならず、さらには形而上学そのものの可能性さえもが左右されることになるからである。

この課題をカントは、経験的で偶然的な総合判断とアプリオリで必然的な分析判断という、判断についての従来の二分法を見直すことによって、つまり、第三種の判断として「アプリオリな総合判断」というものを構想しその可能性の条件を探ることによって、解決しようとするのである。というのもアプリオリな総合判断こそが、従来の二種の判断の欠点を、すなわち総合判断における偶然性という欠点と、分析判断における客観的世界との無関係性という欠点とをともに克服し、客観的でかつ普遍妥当的な認識となりうるからである。

しかもカントによれば、実のところ、われわれはこのようなアプリオリで総合的な認識を、すでに数学と自然科学という学問において実際にもっている。したがって、経験の可能性の問題とは、これらの学問がどのようにして「学の確実な道」（BX）を歩むようになったのかの根拠を尋ねてみることでもある。その結果カントは、数学と自然科学の成功を「思考法の革命」（BXI, XIII）というわれわれの思考様式の転換のうちに見届けるにいたるのである。

すなわち、数学における「思考法の革命」とは、数学的認識を、実際に描かれた個別の図形から経験的に読みとったり、あるいは逆に、それを、単なる概念から論理的に演繹したりするのではなく、「自分が概念に従ってみずからアプリオリに考え入れ（hineindenken）、（構成Konstruktionによって）描出した」（BXII）ものだけを、図形の性質として読みとることである。

また自然科学における「思考法の革命」とは、ガリレオやトリチェリの科学的方法のうちに窺われるように、個別の経験的事実の単なる観察から自然法則という一般法則を帰納するのではなく、あるいは逆に、実験をまったく度外視して概念の単なる分析から法則を導出するのでもなく、むしろ、みずからが自然法則を仮説として発想し、しかもその仮説をみずからが考案した実験によって自然に対して問いただすという方法である。

数学と自然科学におけるこのような「思考法の革命」に示唆されながら、カントは、経験一般の可能性の問題に関しても、「認識が対象に従う」と想定した場合には、たしかに、対象についての認識は拡張するが、しかしその際の認識とは、経験的な認識にすぎず、したがって偶然的であり、けっして必然的な普遍妥当性をもつものではないと考え、ところがそれに対して、「対象が認識に従う」と想定した場合には、アプリオリでかつ客観的妥当性をもつ認識の可能性をうまく説明できることを予想し、この予想のもとに、経験一般の可能性への問いを展開していくことになる。「対象が認識に従う」とは、以下で詳論するように、われわれ認識主観にアプリオリに備わる感性形式としての空間・時間と悟性形式としての諸カテゴリーに従って可能になるかぎりにおいてのみ、アプリオリでかつ客観的な認識が、つまりアプリオリな総合判断が成立しうることを意味している。

三　感性と悟性の総合

デカルト哲学においては、感覚や想像から独立に、知性や理性だけで真なる認識が成立しえたように、合理論者は、真理認識にとっての理性や知性や悟性の役割のみを強調する。他方、経験論者ロックは、デカルトの「本有観念」説[3]を否定して、知性を何も刻まれていない板＝白紙（ラテン語 tabula rasa）にたとえながら、すべての観念の起源を感覚的経験に帰した。

この両者に対してカントは、認識を感性と悟性という二つの能力の共働の産物と見なし、合理論と経験論の総合を企図した。感性とは、「触発」されることによって表象を受容する能力であり、直観とは、概念のように表象を介して間接的に対象と関わるのではなく、対象と直接的に関係する仕方である。しかもカントによれば、われわれ人間の直観は、神の有するごとき、対象をみずから産出するような能動的な知性的直観ではなく、対象に受動的に関わる感性的な直観である。他方、悟性は、受容的能力ではなく、感性に与えられる直観的所与を概念によって自発的に思考する能力である。

認識が感性と悟性、あるいは、直観と概念の総合によって成り立つというカントの認識論によれば、例えば、或る対象を直観なしに概念だけで思考できるにしても、その際には、その概念に対応する直観を欠くために、概念は客観的実在性をもたず、また思考されただけの対象は**経験の**対象とは見なしえず、たんに空想上の対象かあるいは論理上の対象に留まるであろう。逆に、直観されただけの或るものは、概念への帰属が不明で曖昧なために、規定的な経験の対象とはなりえない。

> 何らかの仕方で自分に対応する直観を欠く概念も、概念を欠く直観も、認識を与えることはできない。(B74)
>
> 感性がなければ**いかなる対象もわれわれに与えられない**であろうし、また悟性がなければいかなる対象も思考されないであろう。**内容を欠く思想は空虚であり、概念を欠く直観は盲目である**。……悟性は何ものをも直観しえず、感官は何ものをも思考しえない。**両者が合一されることによってのみ認識は生じうる**。(B75)

カントの認識論のこの基本思想の意味するところは明瞭であろう。すなわち認識が直観と概念の共働だということは、直観と概念が、認識にとって、相互に独立な二つの項ないし要素をなしているのではなく、感性において直観的所与が与えられるときにすでに、その所与が悟性によって思考されているのである。つまり認識とは、受容的自発性ないし自発的受容性において直観的概念として成立するのである。

したがって認識を、まず直観的所与だけが感性に与えられ、次にその所与が悟性によって概念的に規定されて成立するものだというように、感性と悟性の二段階的な成立過程と見なすことは、カント認識論に対する誤った解釈だと言えるであろう。対象が感性において「与えられる」とは、けっして、雑多な多様性としての「認識の素材」のみをたんに受け取ることではなく、むしろ、「与えられる」ことのうちにはすでに悟性による「思考の投げ入れ」が自発的になされているのであり、あらかじめの「思考の投げ入れ」という自発的態度がなければそもそも対象が「与えられる」こともありえないのである。その意味では「与えられる」とは、つまり受動性とは、けっして、外的実在をあらかじめ独断的に想定してその実在をわれわれがたんに模写的に受容することでもなければ、あるいは、われわれに対する外的実在の単なる因果的働きかけでもない。また対象が「思考される」とは、独断的な合理論者のように、直観に対応しない内容空虚な概念をもてあそぶことではなく、直観的所与の思考なのである。(4)

四　超越論的統覚の客観的統一

カントは、感性と悟性の総合としての認識の可能性をどのように展開したのであろうか。本節では、この問題の吟味を通してカント認識論の核心に触れることにしよう。

さて、客観とは、カントにとっては、主観における直観や概念と無関係に存在する物自体ではなく、「与えられた直観の多様なものが概念において合一されているもの」（B137）である。カントは、対象の認識の可能性の根拠を問題にする際に、認識が、経験論者の言うように単純な観念として一挙に与えられるものでもなければ、また合理論者の言うように、感性的に直観することなしにあらかじめ主観のうちに宿っているものでもなく、認識とは、与えられた直観的多様が結合されることによって成立するのだと理解する。このことは、認識が、感性的直観と悟性的概念の総合だという既述の考え方のうちにすでに予想されていたことである。

多様なものは、直観において与えられうるが、「直観の形式［空間と時間］はわれわれの表象能力のうちにアプリオリに潜んでいる」(B129)。多様は、必然的に空間と時間という直観形式に従わなければならず、したがって空間と時間は、多様が与えられるための、しかも多様が与えられないかぎり認識が不可能であることからすれば認識のための、可能性のアプリオリな条件である。

われわれ人間の感性的な直観は、上述のように、「思考の投げ入れ」と不可分ではあるが、しかしあえてそれだけを取り出して語れば、所与性の条件なのであって、けっして所与の多様を結合する自発的作用ではない。それというのも多様を総合する働きは、受容性ではなく自発性の作用であり、それは、感性ではなく悟性の働きだからである(B130)。多様の結合は、客観自身の性質でもなければ、客観によって与えられるものでもなく、さらには習慣的な連合でもなく、主観の能動的な作用であり、それゆえ、主観が所与の多様を結合するということがなければ、客観は成立しえない。

ところで、「結合という概念は、多様および多様の総合という概念のほかに、多様の統一という概念をもおびている」(B131)。結合とは「多様の総合的統一」なのであり、そして直観の多様を総合統一するという機能が概念の役割である。とくにアプリオリな認識における多様の統一の機能を受け持つのが、純粋悟性概念としてのカテゴリーである。例えば、或るものがしかじかの性質をもつという判断を下すためには、判断の根底に、実体と性質の関係というカテゴリーが必然的に前提されていなければならないのであり、あるいは、或る出来事と別の出来事のあいだに因果関係を認識するためには、因果性というカテゴリーが必然的に前提されていなければならず、あるいはまた、或るものの空間的大きさを判断するためには、量のカテゴリーが前提されていなければならない[5]。

ところが、これらのカテゴリーによる総合統一の働きが可能であるためには、多様を総合統一するとともに、その統一の働きにおいてつねに自己の同一性を意識することができなければならない。なぜならば、そのつどの統一が主観のそのつどの経験的状態に左右されるならば、客観的で必然的な統一は不可能であり、認識は偶然的なものになってしまうからである。このような自己意識の統一を、カントは、ライプニッツにおけるような、表象の単なる意識としての「意識的表象(aperception)[6]」から区別して、「根源的統覚(ursprüngliche Apperzeption)」(B132)とか「超越論的統覚(transzendentale Apperzeption)」(A106-107)と呼んでいる。

〔超越論的〕統覚の総合統一という原則が、すべての悟性使用の最高原則なのである。(B136)

超越論的統覚は、経験的統覚、すなわち、表象と表象の偶然的連合の意識とは異なり、諸表象のアプリオリで必然的な統一を行う。統覚のこの統一が、カテゴリーを空間・時間における直観的所与に適用するための必然的条件であり、これによって、カテゴリーの客観への妥当性の問題、つまり、カテゴリーの「超越論的演繹」も保証される。

統覚の超越論的統一は、直観において与えられたすべての多様なものが結合して、客観すなわち対象とするところのものである。それだからこの統一は客観的統一と呼ばれる。(B139)

こうして、超越論的統覚ないし根源的統覚の総合統一が、われわれの経験および経験の対象の可能性の根源的条件であり、そのことをカントはまた、「〈私は思う(Ich denke)〉はすべての私の表象に伴うことができなければならない」(B131)と表現している。所与の諸表象に伴いつつそれらを統一し、それとともにそのような働きをする同一的な自己を意識する超越論的主観がなければ、いかなる認識も可能ではなく、したがってまたいかなる客観も可能ではない。

「認識が対象に従う」のではなく「対象が認識に従う」という「思考法の革命」のうちに、アプリオリな総合判断の可能性の核心を見出したカントは、空間・時間という感性の形式とカテゴリーという悟性の形式、そして両者を根源的に総合統一する超越論的統覚によって、その可能性の構造を明らかにしたのである。

必然的連関をもった対象的世界としての自然は、認識主観としての超越論的統覚、およびその統覚の具体的な機能としてのカテゴリーに従属し、カテゴリーによる法則の付与によってはじめて可能になるのである。つまり感性的直観に与えられるかぎりでの自然のすべての対象は、言い換えれば、法則的に連関する自然の統一は、「自然の必然的合法則性の根源的根拠」としての超越論的統覚という認識主観における統一の働きに基づくのである。

注

（1）ここでの「批判」（ドイツ語のKritik）とは、或る特定の学説や書物の難点をあげつらって攻撃するという通常の意味での批判のことではなく、古代ギリシア語の原語krinein（分ける）に由来している。つまり「批判」とは、問題となっている事柄（ここでは理性能力）を原理に従ってその要素に分解しながら、当の事柄を部分と全体との関連において捉え直し、それによって当の事柄の限界や妥当範囲を画定し、限界を越えた誤った使用を防ぐことを意味する。

（2）因果関係に関するヒュームの議論については、ヒューム『人性論』第一篇第三部を参照。

（3）本書第二章注（2）を参照。

（4）認識が感性と悟性の共働だという場合の「共働」の内実がどのようになっているのかという問題は、じつは容易には答えがたい問題である。カントの認識論に限らずより一般的に考えてみても、例えば、一方では、デカルトも語っているように、目を開ければ見ようとしなくても見ざるをえないということも事実であるが、しかし他方では、中国古典の『大学』「伝第七章」の周知の言葉、すなわち「心ここにあらざれば、視れども見えず、聴けども聞こえず、食えどもその味わいを知らず」とあるように経験にとっては心の自発的な働きもたしかに不可欠である。なおこの点については、次の拙著も参照されたい。

『知覚・言語・存在――メルロ＝ポンティ哲学との対話』（九州大学出版会、二〇一四年）の三七頁および五一頁。

（5）ちなみに、カントは、認識の悟性的条件として、一二個のカテゴリーを挙げ、それらを、量（単一性・数多性・全体性）、質（実在性・否定性・制限性）、関係（実体と偶有性、原因と結果、相互性）、様相（可能性と不可能性、現存在と非存在、必然性と偶然性）に分類している。

（6）ライプニッツ『単子論』第一四節。

第七章　『純粋理性批判』（二）――理性と経験

一　悟性の限界

前章で見てきたように、純粋悟性概念としてのカテゴリーは、直観の多様としての現象を総合統一することによって経験的認識を可能にする。言い換えればカテゴリーは、諸現象の多様を一つの可能的経験に必然的に属するものとして規定することによって、それら諸現象の統一すなわち悟性統一を可能にする。その際に留意すべきことは、カテゴリーはそれが内容を欠く空虚な概念ではなく客観的妥当性をもつ概念でなければならないかぎり、あくまでも感性形式である空間と時間において与えられるかぎりでの現象にしか適用されえず、したがってカテゴリーのこのような「経験的使用」（B298）は経験的な現象世界にのみ制限されるということである。

逆に言えば、現象世界を越えた直観不可能な物自体へのカテゴリーの適用はカテゴリーの誤用であり、カントはそれをカテゴリーの「超越論的使用」（B298）と呼んでいる。例えば、感性において表象を受容する「触発」という事態に関して、それが伝統的にしばしばそう解釈されてきたように、感性的直観の背後に物自体を独断的に前提し、その物自体が原因となって直観が結果としてわれわれに与えられるのだと解することは、明らかに現象にしか適用されない因果性のカテゴリーの誤った超越論的使用である。[1]

純粋悟性の国は、たしかに「真理の国」ではあるが、しかしそれは「一つの島」(B294)にすぎず、その島は荒れ狂う大海という仮象に取り囲まれた真理の国としてたえず危険にさらされているのである。

二　悟性から理性へ

カントは、悟性能力の分析を通して、悟性使用の限界を以上のように明確に画定したのであるが、彼はそのあとで、感性と悟性とは異なる第三の認識能力である理性――実践理性とは区別される狭義の理性としての思弁的理性――の吟味に向かう。

理性は、悟性とは異なり経験の諸対象である現象に制限されることを嫌う。理性は、あらゆる経験的悟性認識をおのれの一部とするような、可能的経験の経験的総合の絶対的全体性に関わる能力である。つまり理性は、すべての現象が一定の経験の対象として必然的に所属しなければならない一つの可能的経験に関して、それの全体的体系的統一を要求する。理性は、カテゴリーによる総合統一を端的に無条件的なものにいたるまで高めようとする能力として悟性を超越している。その意味において理性統一は悟性統一から区別されなければならない。

それというのも理性は、悟性のように直観の多様の統一に関わる「判断の能力」ではなく、悟性の概念や判断と関わりながら、悟性の判断をより普遍的で包括的な判断へと導く「推論の能力」だからである。それのみならず理性は、推論の連鎖をそれ以上は遡りえない絶対的無制約者に達するまで高めることによって、悟性を一つの絶対的全体へと導く「理念の能力」でもある。悟性統一は感性に制限されるという意味において条件づけられた総合統一であるのに対して、理性統一は、条件づけられたものから推論を始めはするが、条件の系列を体系的に完結させる絶対的で無条件的な総合統一である。

このように理性は、直接的には直観ではなく概念や判断をみずからの所与としながら、推論を通してより普遍的で全体的なものへと進み、ついにはそれ以上条件づけるものがないような無制約者の理念にいたる能力である。そしてこの無制約者の理念が「純粋理性概念」すなわち「超越論的理念」（B383）にほかならない。この理念が「超越論的」と呼ばれるのは、それが経験的所与からの帰納的で抽象的な一般化によって生じるものではなく、純粋理性のアプリオリな推論から演繹されるものだからである。

超越論的理念は単なる推論によって演繹されたアプリオリな「蓋然的概念」であり、したがってわれわれはこの概念に対応する客観をけっして直観することはできない。しかも認識が直観と概念の総合からしか成立しえないというカント認識論の基本原則を踏まえれば、理性概念としての理念の対象は認識不可能なものであることは明らかであろう。しかしながらそうであるならば、理念は内容空虚な概念として無意味で無用なものかといえばけっしてそうではない。なぜならば理念は、経験的認識をより普遍的で体系的な全体へと包括し統制しようとする重要な役割、すなわち「統制的原理」（B536ff.）としての役割を有するからである。

ところで理性の理念としての無制約者、すなわち「すべての諸条件の無条件的な総合統一」（B391）には、理性推論（三段論法）の三つの様式（①定言的三段論法、②仮言的三段論法、③選言的三段論法）に応じて[2]、三種の理念が認められる。すなわち、①思惟する主観の絶対的統一としての魂、②現象の諸条件の系列の絶対的統一としての世界、③思惟一般のすべての対象の条件の絶対的統一としての神、の三つの理念である。魂、世界、神の三つはまた伝統的にも形而上学の三つの対象と見なされてきたものである。

魂・世界・神という三つの無制約者は理性の推論によって得られた「蓋然的概念」であり、それゆえこれらの理念に対応する客観は、感性的直観に与えられることができず、したがって認識不可能である。それにもかかわらず、理念を、「統制的原理」である単なる概念としてではなく実体化された客観そのものだと見なし、それについての認識の可能性を主張することは、理念と実在的客観を混同し、理性推論を誤りに導くことになる。

哲学の歴史を振りかえれば明らかなように、実際にわれわれ人間は、これらの超感性的な対象についての認識を、例えば、神の存在とか、あるいは世界の無限な実在とか、あるいは古代ギリシアのプラトンに見られたように魂の永遠不滅などについての認識を、真実の認識として認めてきた。カントの認識論の立場に立てば、感性的直観に与えられない無制約者に関するいかなる概念も客観的実在性を持ちえないのであるが、それにもかかわらず古来から人間は、これらの絶対的な無制約者について、その認識可能性を当然のごとくに語ってきたのであり、それは紛れもない哲学史の事実なのである。

三　超越論的仮象の座としての理性――理性の消極的側面

カントは、一方では、このようなわれわれ人間の形而上学的誤謬を厳しく断罪し、それによって伝統的形而上学をことごとく破壊しようとするのであるが、思弁的理性の仮象を暴露するというこの仕事が、『純粋理性批判』の後半部の「超越論的弁証論」の主題をなしている。しかしながら他方で彼は、この形而上学的な誤りが人間にとってはどうしても避けがたい「自然的な錯覚」(B528)・「自然的で不可避的な錯覚」(B354)・「自然的で不可避な仮象」(B449)であることをも十分に自覚している。それというのも、純粋理性の陥るこの自然的な錯覚ないし仮象は、推論過程での不注意から生じるような、したがって誤謬を指摘されればすぐさま解消できるようなたんに形式的な「論理的仮象」（B353）でもなければ、あるいは、水中の棒が屈折して見えるような感覚上の「経験的仮象」（B351）でもなく、さらにはまた詭弁家の巧妙なまやかしなどでもないからである。むしろ純粋理性の仮象は、「人間理性に追い払いがたく付きまとい、われわれがその幻影を暴露したあとでさえも、それでも人間理性を欺く」（B354）ような、人間本性に根強く巣くっている仮象だからである。

しかしながらもちろん、前述したように、推論の究極的な根拠としての無制約者が、あくまでも一つの仮説ないし「蓋然的概念」であることをしっかりと弁えつつ、それをけっして客観的な実在と思いなさないかぎりは、その無制約者は、かえって理性概念として、われわれの悟性認識を体系的な統一へと導く理念的目標になりうる。しかも理念は、経験の多様性に体系性を与えるという点において、経験そのものの成立にとって非常に重要な役割を担っている。

いやそれどころか、そもそもわれわれはこのような全体的統一性という理念をあらかじめたえず背景に宿しておくことによってしか、われわれの悟性的経験を可能にすることができないのではないのだろうか。そしてこの意味において理性の理念は、可能的経験にとっての必然的な地平ないし基盤をなしているとさえ言えるであろう。[3] われわれは経験においてあらかじめ理念を投げ入れているがゆえに、経験をどこまでも継続していくことができるのである。あるいはまた、信心深い人は、悟性的経験によっては認識不可能な神や神々の存在を信じ、魂の永遠不滅を信じるがゆえに、生きることの希望をもち、また死の恐怖から逃れることもできるのであろう。

ところがその無制約者を、純粋理性の「自然的な錯覚」のために、われわれに「課せられている」（B536）単なる理念としてではなく、「与えられている」客観自体と見なしてしまうときに、われわれは理論哲学上の理性的錯覚に陥るのだとカントは主張する。人間本性に不可避なこの理性の錯覚ないし理性の仮象を、カントは経験的仮象や論理的仮象から区別して「超越論的仮象」と呼び、その仮象に陥る自然的傾向性をもつ理性を「超越論的仮象の座」

（B355）と称している。さらに、超越論的仮象に陥る純粋理性の推論を、正しい理性推論から区別して、純粋理性の「弁証論的推論」（B396）とか「詭弁的推論」（B397）と名づけている。「真理の論理学」（B87）としての悟性能力の分析に対して、理性能力の批判が「仮象の論理学」（B86）と呼ばれる所以である。

四　伝統的形而上学への批判

それでは次に、魂・世界・神という理性の三つの理念のそれぞれについて「弁証論的推論」がいかにして生じてくるのかを見てみることにしよう。

1　魂の誤謬推論

まず第一に、「思惟する主観の絶対的統一としての魂」という理念から生じる誤った推論は、伝統的な合理的心理学における「パラロギスムス（誤謬推論）」（A341-405, B399-432）と呼ばれる。これは、「私は思う（Ich denke）」という認識の根拠である思惟する主体から出発して、この主体を、本書第六章で見たような、認識の可能性の根本機能にとどめずに、それを、経験を超越した実在的な客観つまり実体としての魂と錯覚してしまうことに由来する。思惟する主体は、思惟作用であるかぎり直観的に与えられるものではないにもかかわらず、それを直観的対象と誤解してしまうところに、独断的な合理的心理学が成立する。しかもこの心理学は、魂に、実体性のみならず、さらには分割不可能な単純性、人格としての同一性、あるいは、非物質性や不死性などの性質をも帰してしまう。ちなみに、合理的心理学のように魂の非物質的実体性を認める唯心論の立場とは逆に、魂に関する唯物論は思惟機能を物質的なものに還元する立場であるが、これもまた唯心論とは対極的な意味においてではあるが、思惟する主体を誤解した推論だと言えるであろう。

2　世界の二律背反

第二に、「現象の諸条件の系列の絶対的統一としての世界」という理念から生じる誤った推論は、合理的宇宙論における「純粋理性の二律背反（アンチノミー）」（A405-567, B432-595）と呼ばれる。ここにおいて理性は、世界という宇宙論的理念に関して、定立と反定立というたがいに相反する四組の命題を主張することによって自己矛盾に陥ってしまう。

四組の二律背反とは概略次のものであるが、定立は独断的合理論者の主張であり、反定立は懐疑的経験論者の主張である。

(1)　定立――世界は、時間的に始まりをもち、空間的に限界をもつ。
　　反定立――世界は、時間的な始まりをもたず、空間的にも無限である。

(2)　定立――世界にはそれ以上分割できない単純なものがある。
　　反定立――世界には単純なものは存在しない。

(3)　定立――世界における現象は、自然必然性に従うばかりでなく、自由もまた想定される必要がある。
　　反定立――世界におけるものはすべて自然必然性に従い、自由は存在しない。

(4)　定立――世界には、偶然的存在者ばかりでなく、端的に必然的な存在者が属している。
　　反定立――世界の中にも外にも、端的に必然的な存在者は存在しない。

二律背反においては、世界の全体性ないし絶対的完全性に関して、たがいに矛盾しあう命題が措定されることになるが、矛盾対立とは、形式論理学的には、一方が偽であれば他方は真、一方が真であれば他方は偽になる二つの命題間の対立を意味する。しかしながらカントによれば、定立と反定立の対立は、実のところは矛盾対立しているのではなく、双方ともが共通の誤りに陥っており、したがって上記の八個の命題はすべてが偽なのである。なぜならば両陣営はともに、世界という理念を、単なる蓋然的な理念としてではなく、客観それ自体として「与えられている」ものだと前提したうえで、それぞれの主張をしているからである。

このように、世界という諸現象の総体が物自体としてすでに存在しているものだとすれば、世界は、悟性であれ理性であれ、われわれ人間のいかなる認識能力にも依存することなしに、それ自体として空間時間的に有限であるか無限であるかはすでに決定されているはずであり、あるいは、世界のうちには自由があるかどうかも、すでに決定されているはずであろう。

しかしながら悟性は、感性的直観に与えられる現象しか認識できず、また理性は、理念を「蓋然的概念」としてしかもつことができないというカントの立場からすれば、われわれにできることは、経験の体系的統一性という理性の理念を目指しながら、条件の系列をできるかぎり遠くまで遡って認識を拡張し続けることだけである。それゆえ、世界がそれ自体として有限か無限か、自由か必然かという仕方で問題を立てることは、原理的に解答不可能な問いを問いとして設定していることになる。

合理論者も経験論者も、世界が現象的性格をもった蓋然的理念であることを忘却することによって独断的主張をしてしまったことになる。そもそも、現象の全体性としての世界について、われわれ人間が何らの一定の認識をもつことができないのは、われわれが世界の外にみずからを置き移して世界をその外部から傍観者的に全体として眺めることができないからである。その意味においてわれわれの経験はすべて〈世界内経験〉なのである。したがって世界という全体について、それがあたかも或る特定の対象であるかのように、それの性質を規定的に認識することなどはできないのである。

世界という理念は、経験にとっての構成的原理ではなく、たんに「統制的原理」にすぎず、与えられた被制約者の制約の系列をどこまでも遡行し続けて、われわれの経験的な探求を可能なかぎり継続させるための規則にほかならない。合理的宇宙論者は、世界理念のこの統制的性格を誤って構成的に使用することによって、世界についての独断的主張をしてしまったのである。

3　神の存在証明の不可能性

第三に、「思惟一般のすべての対象の条件の絶対的統一としての神」という理念から生じる誤った推論は、合理的神学における「純粋理性の理想」（A567–642, B595–670）と呼ばれる。ここでの理想とは、すべての対象一般を、おのれの模型ないし帰結とするところの原型、根源的存在者、最高の存在者のことであり、伝統的にはそれが神と呼ばれてきた。しかしまた理想としての神は、あくまでも純粋理性の概念ないし理念でしかなく、けっして感性的に直観されて現実存在する対象ではない。

それにもかかわらず、それを客観的に実体化し、現実存在するものと見なしてしまうところに理性の誤謬が生じる。とはいえこの誤謬は、人間の、ないし人類の、不可避の「自然的な錯覚」（B610）である。人間は、この世の移りゆく無常なものや偶然的なものを前にして、何か或る絶対的に必然的なものへのやみがたい要求を抱かざるをえない存在であり、このような人間の要求が、古来から、唯一の絶対者としての神を想定させ、さらには、その現実存在への信仰をも抱かせてきた。それと同時に神の現実存在への信仰を神学あるいは哲学の立場から思弁的ないし理論的に証明し、その信仰を確信に変えようとする試みも営々と続けられてきた。

カントによれば、神の存在の理論的な証明法は、存在論的証明、宇宙論的証明、自然神学的証明の三つだけであるが、これらの証明に共通する誤りは、最高存在者という単なる理想としての理性概念に関して、それに対応する客観が直観に与えられ、したがってその客観の存在が認識可能だと誤解してしまうことに存する。こうしてカントは、思弁的理性による神の存在証明を批判し、伝統的な神学や哲学の根本に据えられてきた神の存在証明という議論の欺瞞を白日の下に暴き出すのである。

しかしながらカントによる伝統の破壊は、同時にまた新たな伝統の構築にも連なっている。彼は純粋理性の理想という理性概念そのものを否定してしまうわけではなく、むしろ、その概念を、人間のすべての認識を体系的に統一するための統制的原理としては積極的に容認する。いやそれどころか彼は理論的には証明不可能だと見なした神の存在を、彼自身の来るべき哲学において、すなわち彼の実践哲学において、実践的に証明するという「道徳神学」(B669)の可能性の余地を残しておくのである。この意味においては彼もまた、神の存在への信仰が人々のあいだに日常的に残っていた十八世紀という時代の子であったと言うべきであろう。

注

(1)「触発」という事態は世界とわれわれとの接触の事態であり、この事態をどのように理解するのかという問題は、とりもなおさず、世界とわれわれ人間との関係をどのように捉えるのかという根本問題に直結する哲学上の大問題である。というのも、この問題の解釈如何が、当の哲学者の根本的立場(例えば、観念論とか実在論という立場)を大きく左右することになるからである。そのためにカント解釈史上、さまざまな哲学者がカントにおける「触発」という事態の解釈を試みながら侃々諤々の議論を展開してきた。この問題に対する筆者の考え方については次の拙著を参照されたい。

『経験と存在――カントの超越論的哲学の帰趨』(東京大学出版会、二〇〇二年)、とくにその第二章。

(2) これら三種の三段論法は、それぞれの大前提となる判断の種類に応じて区別される。すなわち、大前提が、定言判断である定言三段論法、仮言判断である仮言三段論法、選言判断である選言三段論法である(B390-393)。第一は、すべてのMはPであり、かつすべてのSはMであり、それゆえすべてのSはPである、という形式であり、第二は、pならばqであり、かつpである、それゆえqである、という形式であり、第三は、Sはaであるかbであるかのいずれかであり、かつSはaではない、それゆえSはbである、という形式である。

(3) 理念のこのような意義については、前掲した拙著の第三章と第四章を参照されたい。

第八章　『純粋理性批判』（三）——存在と経験

一　近代哲学と存在論

本章のテーマは、ものや世界や自己や他人が存在するとはどういうことなのか、あるいはそれらの存在の根拠は何であるのかという、素朴ではあるが同時に根本的でもある問題について、カント自身がどのように考えていたのかを考察し、それによって近代哲学の基本的な特徴とその限界を際立たせることである。このテーマはまたデカルト以来、数学的自然科学の基礎づけとしての認識論を哲学の中心課題に据えるようになった近代哲学が、神を中心にした伝統的な存在論からどのように脱却し、それと同時に存在論を近代的観点からどのように再構築するようになったのかという問題に連なっている。そしてこのことは、認識論中心の近代哲学を存在論という視野から再検討することによって近代哲学を越える視点を探ろうとする試みでもある。

それではカントの経験の理論つまり認識論において存在論はどのように位置づけられているのであろうか。カントはわれわれ（ないし私）が経験（認識）することとものや世界が存在することとの関係をどのように考えていたのであろうか。

本書第一部第四章第一節「物体の存在証明」で論じたように、デカルトは、直接的に確実なのは思惟する私の存在という内部領域だけであるからその意識内部の観念を手がかりにしていかにして意識の外部の物体の存在が証明されるのかという仕方で外的世界の存在についての問題を提示した。そして彼は「感覚の受動性」と、その受動性の背後にあって私に感覚を与えるであろう外的実体の存在への「私の信仰」と、さらにその信仰を保証する「神の誠実さ」に依拠しながら、外的世界の存在の問題に対して答えようとした。つまり彼は「実生活」のうえではわれわれが素朴に確実だと見なしている意識外の物体の存在も、「厳密な哲学の立場」から見れば私の単なる信仰に依存した疑わしいものにすぎないと考えたがゆえに、存在の最終的根拠を誠実な神に委ねざるをえなかったのである。この意味においてデカルトは、思惟するものとしての精神の立場から近代の自然科学的認識を基礎づけたにもかかわらず、物体の存在論に関しては、依然として神中心の中世の存在論の影響下にあったと言えるであろう。

ところが神の存在証明そのものを独断的だと批判するカントにとっては、[1]神の誠実さに頼って物体の存在証明を行うことなどははじめから問題にはなりえず、そのためにカントは、デカルトを外的事物の存在を疑う「懐疑的観念論者」（A377）と呼んでいる。批判哲学者カントにとっては外的世界の存在は、神という超感性的存在者に基づいて理論的に証明される事柄ではなかった。西洋哲学史の中では同じく近代哲学に属しているとはいえ、デカルトよりも一世紀以上も後代のカントにおいては、神に対する考え方が、それゆえにまた神と人間と世界の相互の関係の在り方が明らかに異なっている。カントは神の保証による存在の証明という観点からではなく、あくまでも人間理性の観点から存在を理解してゆこうという人間の立場に立って存在論を展開しているのである。

カントによる伝統的形而上学の批判以後現代にいたるまで、概して言えば、キリスト教の超越的な創造神との関係から存在一般を捉えようとする神学的存在論は後退し、あくまでも人間（ただし、思惟する存在という狭義の人間ではなく、感情や意志をもち、さらには歴史的文化的存在としての広義の人間）との関係から存在を理解してゆこうとする態度が一般的になり、そしてこのことがまた、デカルト、スピノザ、ライプニッツなどの近代哲学の前期に属する哲学者たちとカント以後の近代および現代の哲学者たちとを分ける基本的特徴をなしている。

　広義の人間との関わりから存在を問題にしようとする点では共通するとはいえ、人間とはそもそも何であるのか、また人間は存在とどのように関わっているのかという具体的問題に一歩立ち入ってみると、この問題がそれぞれの哲学者の哲学そのものと密接不可分な問題であるだけに、哲学者の数だけその答えがあると言っても過言ではない。それだけに近現代哲学における存在論とは何かというこの問題は、現代にいたるまで哲学者のあいだで議論が絶えない問題でもある。

二　存在の認識論的構成とその問題点

　カントは存在を人間主観との関係においてどのように考えていたのであろうか。既述のように（本書第六章第二節）カントによれば、「認識が対象に従う」と見なした場合には、認識はわれわれにおける対象の単なる反映ないし模写として成立し、そのために例えば、地平線上の月の大きさの経験と天頂の月の大きさの経験との違いから、客観的には同一のはずの月の大きさが異なるものとして判断されることになり、認識の客観性がうまく説明できなくなってしまう。そこでカントは前もって物自体として与えられている対象をわれわれが感覚において直接的にそのまま模写することによって認識が成立するのではなく、逆に、認識する主観こそが認識される対象に先立つ存在であって[2]、その主観に備わるアプリオリな認識形式（空間・時間とカテゴリー）に従って対象が構成されるのだと考えてみることによって認識の客観性をうまく説明することができた。

　「思考法の革命」というカントのこの認識論の立場に立つかぎり、対象とは主観の認識形式に従って認識されるかぎりでの対象のことであり、それゆえにまた対象の存在とは認識によって構成されるものなのだということにもなってしまうであろう。こうして存在とは、主観の認識形式に従って認識されるかぎりでの存在になり、存在は認識に還元されることになる。つまり外的事物や外的世界とは、認識主観に基づいて主観の前に客観として表象され定立されるかぎりでの事物であり世界だということになる。このようにカントの認識論を主観の認識形式の自発性を極端なまでに強調した形で解釈するかぎりは、存在とは認識の対象として構成された存在にすぎなくなってしまう[3]。

　そしてまたカント認識論における主観の自発性を徹底化したこのようなカント解釈は、実のところ、神による世界創造という神学的世界観と類比的なものである。というのも世界を創造する際に神は、創造されるべき世界の在り方について、アプリオリにみずからの観念のうちに思い描き、その観念に基づいて世界を創造したという神学的存在論を、人間による世界認識にも適用すれば、人間はみずからの認識形式に従って認識対象を構成したということになるからである。つまり神による世界創造という神学的発想を人間による認識対象の存在の構成へと投影し[4]、そのことによって人間自身が神と類比的な立場に立つことになってしまうからである。カントの認識論における超越論的観念論が、同時に存在論的には、対象の存在を構成する実在論にもなるわけである[5]。

　しかしながら、カントの認識論が認識される対象の存在の理論でもあるのだという上記のカント解釈は、以下のような理由から退けられなければならない。

　カントはみずからの認識論において、人間主観を、神のごとき存在の創造者であるとか、世界の創造者であるなどと考えたことは一度たりともありえない。神であれば単なる概念に基づいてその概念に対応する物の現実存在を創造することができるであろうが、人間主観は、単なる概念だけからはいかなる現実存在も産出しえない。というのも概念に対応する直観が与えられなければ概念は客観的実在性をもたないのだというのがカント認識論の基本的考え方だからである。カントは存在と概念を自覚的に区別しており、概念がただちに概念の対象の存在だとはけっして考えていない。カントによれば物の存在にとっては、概念に先行してその物が知覚されるかどうかが肝心なことなのであり、他方、概念それ自身は概念に対応する物の現実性から独立していて物の単なる可能性を意味するにすぎない。

　知覚が、……現実性の唯一の特性なのである。（B273）

　こうしてカントは物の現実存在にとっての、概念に先行する「知覚」の意義を明確に認めている。われわれ人間にとっての対象の存在とは、神のごとき純粋な自発性による世界の産出に関わることではなく、「与えられる」という受動性の契機との関係においてしか問題にしえないのである。

　カントにとって存在とは、第一義的には、認識形式に基づいて自発的に構成されるかぎりでの客観を意味するのではなく、「触発される」という人間の感性の在り方と深く関わっているのである。それに対して存在をみずから創造することのできる神は、触発という受動性の契機を何らもちあわせてはいない。かくして人間における「与えられる」というこの受動的側面を看過して主観の自発性のみを強調した存在理解は、カント解釈としては明らかに妥当性を欠くと言わざるをえない。

三　知覚と認識

　存在とは主観のアプリオリな認識形式によって構成されるのではなく、知覚という受動性の契機との不可分な関係においてこそ経験されるのだとカントが語る場合、そもそも存在と知覚はどのように関係しているのであろうか。

　この問題を考察するうえではまず、カントが知覚を現実的知覚と可能的知覚に区別していることに留意する必要がある。カントは、例えば磁気物質という目に見えない物質を例に挙げて、直接には知覚されないにもかかわらずこの物質の現実存在をわれわれは可能的に知覚できるのだと言う（B273）。というのも磁気物質の現実存在は、鉄粉が引きつけられるという現実的知覚からの「経験の類推」によって、すなわち或る知覚と別の知覚を必然的に結合するわれわれの「可能的経験一般の形式」に従って可能的に知覚されうるからである。この例においてカントは、現実存在に不可欠な知覚として、感官による直接的な現実的知覚のみならず、「経験の類推」というアプリオリな認識形式に従って成立する可能的知覚なるものをも認めているわけである。

ところでここにおいて一つの疑問が生じてくるかもしれない。すなわち、例えば私の眼前の鉛筆はいまこの瞬間に私によって現実的に知覚されており、したがって眼前の鉛筆の現実存在は可能的にしか知覚されない磁気物質の存在の場合とは異なって、現実的知覚だけによって保証されるのかどうか、それゆえにまたアプリオリな認識形式はこの場合には不必要になるのかどうかという疑問である。

おそらくや、素朴にはわれわれは現実的知覚だけで眼前の鉛筆の現実存在が保証されるのだと考えてしまうであろう。ところがカントの認識論の立場に立つかぎり、眼前の鉛筆の現実存在さえも、実のところ、現実的知覚だけでは十分に保証されない。というのも眼前の鉛筆が私によって知覚されるだけでは、もしかすると私の知覚が他人の与り知らない私だけの錯覚や幻覚かもしれず、したがって私個人の現実的知覚だけでは、その知覚の客観性が保証されないからである。

それでは現実的知覚が物の現実存在を保証すると言えるためには、言い換えれば、現実的知覚の客観性が保証されるためには、どのような条件が必要だとカントは考えるのであろうか。この問題を考察するためには、そもそもカントの言う「現実的知覚」なるものがどのようにして成立するのかをカント認識論を踏まえながらあらためて考えてみなければならない。

現実的知覚といえども、それを時間的および空間的な拡がりにおいて見た場合、けっして他の時間から孤立した一瞬の知覚でもなければ、他の空間から孤立した一点の知覚でもありえないことがすぐさま了解できるであろう。つまり現実的知覚とは、時間的に見れば、現在より以前の現実的知覚（さらにまた以前のこの現実的知覚はより以前の現実的知覚）を前提し、それとの経験の脈絡に置かれてこそ、現実的知覚たりうるのである。また空間的に見ても、現実的知覚は、眼前の鉛筆だけの知覚として成立することなどはありえず、その鉛筆を取り囲んでいる周囲の他の場所との関係という経験の脈絡においてこそ、現実的知覚たりうるのである。しかもこのような経験の脈絡を、つまり或る知覚と他の知覚を総合統一して「一つの可能的経験」ないし必然的連関をもった「一つの自然」（B263）という脈絡を、可能にするものこそが「経験の類推」という主観のアプリオリな認識形式なのである。

以上のように、現実的知覚が成立するためにはカントの認識論が説くようなアプリオリな認識形式が前提されなければならないのである。そうであるかぎりカントが物の現実存在のためには現実的知覚が要求されるのだと語ることによって意味していたことは、けっして現実的知覚だけによる物の存在の保証ということではなく、むしろ、現実的知覚を可能ならしめる認識主観のアプリオリな認識形式こそが物の現実存在を保証するのだということになろう。

以上の議論を踏まえるかぎり、存在と知覚との不可分な関係を主張するカントの存在論は「対象が認識に従う」という彼の認識論を前提にしてこそ可能になるのだということにもなる。言い換えれば、物の現実存在とは物の現実存在の認識のことだということになる。しかも現実存在の認識が問題になるかぎりは、〈ものが存在する〉とは、〈ものが認識される〉ことを意味し、かつ、認識とは「対象が主観の認識形式に従う」ことによって可能になるのであるかぎり、存在は認識に還元されることになってしまうであろう。

ところでカントが存在と知覚の不可分性を語るとき、彼は存在論を認識論に還元するという意味においてのみ語っているのであろうか。この問題をさらに問い進めてみることにしよう。

四　存在論は認識論に還元されない

前節での議論から明らかなように、物の存在にとっての知覚の不可欠性を主張するだけでは、依然として存在とは認識されるかぎりでの存在でしかなく、それゆえその際にはカントは、外的世界の存在を認識主観にとっての単なる表象たらしめ、世界の存在を観念的なものに変えてしまうことになろう。『純粋理性批判』第一版（一七八一年）の刊行直後に、カント哲学に対して、「空間と時間の観念性によって、全感性界は単なる仮象に変えられるであろう」（AKⅣ290）という批判が突きつけられた。すなわち彼の哲学はわれわれの現象世界を単なる仮象に変えてしまう観念論であり、存在を空虚な表象と見なす観念論だという批判であるが、たしかにこの批判は無理からぬことかもしれない。

もっともカント哲学は、与えられた表象がアプリオリな認識形式に従って経験の必然的連関の脈絡に総合統一されることを語るものであり、そのかぎりでは所与の表象は認識の真理連関に組み入れられることを語っているのであり、したがってカント哲学は世界を仮象の世界として構成したのではなく真なる世界として構成したのだということをもわれわれは十分に確認しておかなければならないであろう。

しかしながらそれでもやはりカント認識論が、存在を認識に還元し、存在そのものではなく、存在の認識ないし経験のみを主として論じているかぎりは、認識されるかぎりでの存在しか認めておらず、存在そのものを忘却した観念論にすぎないという批判は、カント認識論に対する批判として依然として看過できないものだと言えるであろう。

カント自身もこの批判を非常に重く受け止めながら次のように反論している。すなわち、「私の言う観念論［＝超越論的観念論］は、事物の存在に関係するものではなく……——というのも事物の存在を疑うことは私には思いも及ばないことであるから——たんに事物の感性的表象に［すなわち認識されるかぎりでの表象に］のみ関係しているものである」（AKⅣ293）。

彼のこの反論によれば、彼の認識論は感性に与えられる表象にのみ関わり、そしてたしかにそのかぎりでは観念論なのではあるが、しかしながらその観念論は、事物の存在に懐疑の目を向けることを意図したものではまったくない。しかしそうだとすればその観念論はむしろ、「事物の存在」の問題に関しては何ら関与しないものだということになってしまうであろう。別言すれば、物の存在は、物の認識すなわち物についての述語規定とは異なるのであり、認識の可能性の条件としての主観のアプリオリな形式は物の存在には関わりえないのだと言い張ることによって、カントは、存在を疑ったり否定したりする観念論とみずからの認識論的な観念論とを区別し、それによって彼に対する批判を回避しようとしているということになろう。

彼のこの反論ないし自己弁護からは少なくとも、認識論と存在論は区別されるべきであり、彼の意図としては、けっして存在を認識に還元してしまうつもりはないのだということが窺知される。ちなみに、存在は認識に還元できないのだという、ここでの彼の自己弁明は、存在に関する彼の有名なテーゼ、すなわち、「存在は、明らかに、いかなる実在的述語でもない、つまり或る物の概念［＝主語概念］に付加しうる何らかのものの概念［＝述語概念］ではない」（B626）という言葉を思い起こさせるであろう。彼はこのテーゼにおいて、存在は認識判断においての述語ではなく、したがってまた存在は認識の構成要素などではなく、それゆえ存在論は認識論に還元されるものではない、ということを明確に語っている。

しかしながら、ここで問題にすべきことは、カントのこのような反論ないし自己弁明が、世界の存在を単なる表象に変える観念論だというカント哲学に対する厳しい批判に対して、十分に説得力のある論拠たりえているのかどうかということである。というのも、この自己弁明においてカントは、自分は事物の認識の可能性の条件だけを議論の俎上に載せているのであって、事物の存在について論じているのではなく、したがって事物の存在の問題は、自分の議論にとっては無関係なのだと語っているだけであり、しかしながらそれだけでは、カントが存在についてどのように考えているのかを積極的に主張したことにはならず、むしろ、たんに言い逃れをしているにすぎないようにも思われるからである。言い換えれば、そもそもカントはみずからの理論が哲学たることを自認するかぎりは、認識論を超えてさらに、自己と世界と超越者との相互関係や相互の異同についての体系的な理論を打ち出さなければならないはずだからである。認識論が存在問題とは無関係だと語るだけでことを済ませるわけにはいかないのである。

五　存在論の再構築へ向けて

以上のように、カントは、存在が認識に解消されないことを明確に述べてはいるものの、しかし、存在は彼の認識論の枠内には収まらないという消極的な言い方でしか存在について語っていないことも事実である。そうであるがゆえに、彼が存在を積極的にはどのように考えようとしていたのかを理解することは非常に困難なことなのであるが、本節ではこの点についてさらに考察を進めてみることにしよう。

存在の問題に関して、「対象が認識に従う」という彼の認識論の基本的立場から接近しようと彼が意図していないことは、少なくとも前節までの議論から理解できるのであるが、それではそもそもカントは、認識論には還元されないところの「存在」ということで、積極的にはどのようなことを考えようとしていたのであろうか。この問題についてカントは、『純粋理性批判』において主題的に論じているわけではない[6]。したがってカントのテキストに沿う仕方でこの問題に答えることにはおのずと限界があることは否めない。

さてこの問題を考察するためには、いままでのわれわれの議論を念頭に置くかぎり、少なくとも次の二点をあらかじめの前提条件として押さえておかなければならない。

まず第一に、存在の問題に対しては、対象が空間・時間やカテゴリーという主観の認識形式に従って構成されるのだというカントの認識論を直接には適用できない以上、カントの考える存在とは、悟性概念によって規定可能な何か一定の存在者を意味しているのではないということである。というのも、もしも存在があれこれの特定の存在者であるならば、しかも、その特定の存在者が現象界の存在者であるならば、カント認識論の立場に立ってその現象的存在者を認識することができるからである。ところが存在は、カントにとって、そもそも認識論的規定を免れているようなものとして理解されている。この意味において存在とは、それについて述定可能なつまり認識可能な存在者とは区別されなければならず、それはいわば一つの次元ないし地平だと解することができるのではないだろうか。

認識するとは、カントにとって、主観の認識形式に基づいて、或る所与の表象について述定判断を下し、それを通して認識可能な対象を「一つの可能的経験」という自然必然的な連関に組み入れることである。つまり対象を認識するとは、所与の表象を量のカテゴリーとか質のカテゴリーとか実体と属性のカテゴリーとか因果性のカテゴリーなどによってかくかくの性質であると述語規定することである。

ところがカントによれば存在は認識には還元されないのである。そうであるかぎり存在は、主観の認識形式によっては規定されないものとして認識形式を超越していると見なされるべきであろう。その意味において存在とは、原理上、認識論的には規定されえない未規定的なものなのであり、したがってまた存在とは、規定可能な特定の存在者ではなく、むしろ、次元ないし地平と呼びうるものなのである。存在は、原理的に未規定的な地平として認識可能性を超越しているのであるが、しかし存在は、神のような特定の存在者という意味での超越者ではない独自の意味においての、すなわち、次元ないし地平という意味においての超越者なのである。

第二に、存在は、たしかに、主観による認識可能性を超越してはいるのであるが、しかしながら存在は、人間を超越した特定の存在者、例えば伝統的形而上学における霊魂とか神という存在者などではなく、あくまでも人間主観との内在的関係においてしか了解しえないような次元ないし地平なのである。つまり存在とは、認識可能な内在的存在者でもなければ、人間による了解を超えている一個の超越的存在者でもなく、むしろ、超越的内在ないし内在的超越としての次元ないし地平だということである。存在は、人間主観とつねにすでに内在的に関わりながらも、しかし主観の認識形式である空間・時間やカテゴリーを超越しているのであり、カントは存在と人間主観とのこのような根源的な関わり方を「知覚」と表現したのである。ただし本章第三節で述べたように、この場合の「知覚」とは、認識形式に従って経験の脈絡に位置づけられうる知覚のことではないことに留意しなければならない。

　このように存在とは、認識形式としてのカテゴリーを超越したものでありながら、しかし実体的霊魂や神のような超感性的な存在者などではなく、あくまでも認識を超越しつつ同時に人間主観と「知覚」においてつねにすでに内在的に関わっている次元ないし地平なのである。

　ところで、以上のように考察を進めてきた場合、カントにとって存在とはまた、一つの理念だと言わざるをえない。というのも理念とは、本書第七章で述べたように、それに対応する客観が直観に与えられることなく、したがって理念の客観とは、客観と呼ばれはするものの、認識論的に規定可能だという意味での客観ではない。他方また、カントが理念の客観を物自体という存在者と見なす独断論を「弁証論的推論」だとして厳しく批判していたことを踏まえれば、それが、物自体としての存在者ではないことも明らかである。

　理念とは、悟性統一つまり認識を、それの絶対的な無条件者へ向けて統制するものであり、その意味においてそのつどの悟性統一は、つねにすでに理念としての存在をその背景ないし地平として前提しているのである。存在とはカントにとって、認識の成立する次元ないし地平として、認識をたえず促しかつ支えている未規定的な基盤だと言えるであろう。

カントの『純粋理性批判』という書物は、けっして認識論に尽きるものではなく、むしろ存在論を、しかも中世以来の神学的存在論ではなく、人間の立場――ただし認識主観に制限されない広義の人間の立場――からの存在論を背景に宿していたのである。彼の存在論は存在を理念的なものと見なす存在論であるが、それによって彼の存在論は、認識論に還元されることなく、かえって認識論を方向づける基盤ないし土台となっているのである。

しかしながらまた存在が理念であるがゆえに、それを主題的に、つまり述定的に規定することはできず、そのためにカントは、認識論をあたかもみずからの理論哲学の中心課題であるかのように語らざるをえなかったのである。カント哲学の眼目は認識論に存するのだというカント解釈が後を絶たないのもある意味では当然なのかもしれない。しかしながらカントの意図はあくまでも、認識論の限界を明確に見定めて、そのことを通して存在論を逆に照射することなのであり、そうして近代哲学のうちに新たな存在論への道を開いておくことだったのである。

注

（1）本書第七章第四節3「神の存在証明の不可能性」を参照。

（2）認識主観を物体に先立つ第一義的存在と見なすかぎりにおいて、カントはデカルトとともに、意識中心主義の立場に立っていると言える。

（3）カント認識論に対するこのような解釈の例として、十九世紀後半の新カント学派のヘルマン＝コーヘンを挙げることができる。なおコーヘンについては、拙著『経験と存在――カントの超越論的哲学の帰趨』（東京大学出版会、二〇〇二年）の三三～三四頁および二六三～二六六頁を参照されたい。

（4）実のところは、この逆であろう。つまり神による世界や人間の創造という考え方そのものを案出したのは、ほかならぬ人間自身なのである。しかしながら目下のところは、哲学史の通説に従って議論を進めることにする。

（5）以上のカント解釈に関して連想されるのは、次の言葉である。「私の視覚が徹頭徹尾、見ているという思惟だとすれば、見られた物それ自体も、それについて私が思惟するところのものだということになり、かくして超越論的観念論は、そのままひとつの絶対的実在論となってしまう」（メルロ＝ポンティ『知覚の現象学』第二巻、みすず書房、二五二頁）。あるいは、「独我論が厳密に貫徹されると純粋な実在論と合致する」（ウィトゲンシュタイン『論理哲学論考』、『ウィトゲンシュタイン全集　第一巻』大修館書店、九八頁）

（6）カントは、外的事物の「存在」については、周知のように、『純粋理性批判』の第二版においてあらたに挿入された「観念論論駁」という、ほんの数頁の箇所で主題的に論じてはいる。なお、この箇所に対する筆者の解釈については、前掲の拙著の第一章「存在と経験」を参照していただきたい。

第九章　実践哲学（一）――道徳の原理

一　自然必然性と自由

カントは、『純粋理性批判』（一七八一年）の刊行後に『道徳の形而上学の基礎づけ』（一七八五年）と『実践理性批判』（一七八八年）の二著作において彼の倫理学を展開しているが、本章と次章においては、西洋倫理学の金字塔の一つであるカントの実践哲学を見てみることにしよう。まず本章では、彼の実践哲学の根本原理である道徳法則の内容を概観し、続く第十章において、彼の実践哲学にまつわる諸問題を批判的に吟味することによって、近代哲学に占めるカント倫理学の位置づけを際立たせることにする。

さて、もしも世界のすべての現象が自然必然的な因果法則に従うものであるならば、そのような現象と見なされるかぎりでの人間の行為もまた、当然ながら、必然的な因果系列の一環に位置づけられることになり、そしてそのときには、人間がどのような行為をなそうともその行為が自然必然的な現象であるかぎり道徳的責任を問われることはない。例えば、同意を得ずに他人を殺害しようとも、他人との約束を破って借金を返済しないとしても、あるいは、不治の病のために将来を悲観してみずからの命を絶ったり、さらには怠惰な生活に甘んじたりしても、これらの行為が自然現象と見なされるかぎりはそれらの責任が問われることはない。したがってこれらの行為が善悪の価値の観点から判定されることもなければ、なすべき義務に反する行為だと非難されることもない。というのも、自然災害による大惨事のために自然そのものが道徳的な責めを負うことがないのと同様に、行為が自然現象と見なされるかぎりは、行為の善悪が問われることはないからである。

　ところが、現実の人間社会においては、殺人という行為は、個人的な復讐行為によってではなく、国家の法によって厳罰に処せられる行為であり、たとえ万が一法の裁きを逃れえたとしても、その行為は道徳的に許されるものではなく、殺人者自身も強く自責の念に駆られ続けるであろうし、あるいはまた、快楽に耽る生活は、たとえ法に違反してはいないとしても、道徳的には非難されるべき行為である。このように人間の行為に関しては、因果必然的に認識される自然現象とは異なる独自の価値基準が採用されており、そしてこの基準がまた、人間の社会生活の共通の前提としてわれわれの行為を制約している。

　なぜ、ことさら人間の行為に対しては、自然現象に対する因果必然的な見方とは別の見方が可能になるのであろうか。世界の中で起こる出来事のすべてが、かならずしも自然必然性の原理に支配されているのではなく、とくに人間の行為に関しては、自然の因果性とは別の見方が認められているのであるが、それではそもそもその見方を支えている原理とは何であろうか。

　カントは、行為にとっての固有の原理、すなわち、或る行為をそれ以前の原因としての出来事の必然的結果と見なすのではないような原理を、自由の原理と呼ぶ。自由とは、出来事の系列を他の原因に依存せずにみずから自発的に始める原理のことであるが、カントは、『純粋理性批判』における二律背反[1]の解決策として、自由というこの理念の想定を不可能ではないものとして導入した。

　自然法則に従って経過する諸現象の系列をみずから始めるという、原因の絶対的自発性が、したがって超越論的自由が

……想定されなければならない。（A446＝B474）

自然必然性とは異なる自由の原理の想定によって、同時に、自然必然性に支配される現象世界とは別の世界、すなわち、行為的実践の世界が可能になる。自然現象に関しては、それが、事実として、どのような原因によって生じたのか、また現在はどのような状態にあるのか、そして将来はどのように変化してゆくのかを問うことができるだけであるのに対して、行為に関しては、たとえそれがすでになされてしまった行為であっても、その行為はけっしてなすべき行為ではなかったとか、あるいは、あのときには別の行為も可能であったはずだ、などと言われたりする。つまり行為に関しては、なされた行為とは異なる他の行為の可能性の余地が認められたり、あるいは、本来的になすべき善なる行為を基準にしてなされた行為の道徳的な善悪が判定されたりもする。行為に関するこのような見方が可能であるのも、そこにおいては自然必然性とは異なる自由の原理が前提されているからである。

カントは、自由を原理とする実践哲学を非常に広い意味で理解しており、そのうちには、行為の道徳的善悪を主題にする狭義の実践哲学すなわち倫理学のみならず、さらには、法哲学や政治哲学、あるいは歴史哲学や宗教哲学なども含まれている。この広義の実践哲学においては、倫理と政治の関係、つまり善と正義の関係とか道徳と法の関係、あるいは、倫理と宗教、政治と宗教、歴史と宗教の関係等々、哲学的に非常に重要なさまざまな問題が提起されうるのであるが、しかしながら本章においては、これらの問題の考察は極力控えて、とくにカントの実践哲学の核心をなしている倫理学に焦点を絞りながら、彼の実践哲学を見てゆくことにしよう。

それでは、自由を原理とする実践の世界をカントはどのように考えていたのであろうか。人間の行為に対しては、自然現象とは異なって、その責任が問われたり、善いとか悪いという価値評価が下されるのであるが、そのような評価の基準、つまり、カントの実践哲学の原理とはどのような原理なのであろうか。

カントの実践哲学は、道徳的に善い行為および悪い行為とはどのような行為なのかという問題について、経験主義や幸福主義の立場からではなく、理性主義の立場から接近している。カントは、人間の行為を、因果必然的な自然現象から区別するとともに、自然必然的な感性的衝動に支配されるような動物の本能的行動からも区別して、感性世界から独立な自由の原理に基づかせようとする。それというのも、もしも人間の行為に自由が前提されないならば、人間は、自分の行為の責任を引き受ける必要もなく、また、他人から賞賛されたり非難されたりすることもなくなってしまうからである。自然現象や動物の行動には責任を帰することが不可能であり、また、それらが賞賛や非難の対象となることもないのは、それらのうちには自由が認められていないからである。この意味において自由とは、優れて人間に固有のものだと言えよう。

二　快楽主義および帰結主義に対する批判

1　道徳の原理の条件

カントは、批判期の倫理学に関する『道徳の形而上学の基礎づけ』と『実践理性批判』の二著において、自由に基づくわれわれ人間の行為が道徳的に善であるための原理を探求しているが、その際、道徳の原理とは、われわれの行為や意欲を正しく導くものであるかぎり、そのときどきの状況に左右されるような一時的で偶然的な原理であってはならず、それが普遍性と必然性をもたなければならないと考える。言い換えれば道徳の原理とは、各人の行為や意欲を、いかなる例外もなく、普遍的な調和的統一にもたらすような原理でなければならない。このような原理こそが、行為や意欲の道徳的価値の普遍性と必然性を基礎づけることができるはずであり、倫理学の原理としてふさわしいものなのである。この原理を見出すことが、とりもなおさずカントの実践哲学の根本課題となっている。

もちろん、倫理の原理に必要なこのような条件は、カントにかぎらず、道徳の原理を追究しようとするあらゆる哲学者の共通の前提でもあるのだが、しかしながら歴史的に回顧してみると、何を道徳の原理と見なすかについては、かならずしも哲学者たちのあいだで意見が一致しているわけではない。

例えば、キリスト教の神学者は、信者たちのあいだで神の言葉として信じられている聖書の教えに従った行為こそが道徳的にも正しい行為だと考えるであろうし、また、功利主義者は、できるだけ多くの公共の利益を結果として招来するような行為なり規則なりが道徳的に正しいものだと見なすであろうし、あるいは、利己主義者にとっては、自分一個の利益をより多く増大させる行為や規則が道徳的に善なる行為となるであろうし、さらには、行為が遂行される状況というものが厳密に見ればそのつど異なるという前提のもとに、何が正しい行為なのかはそのつどの状況判断に依存した決断によるほかはないと考える決断主義者もいよう。

それではカントは道徳的に善なる行為の原理をどこに求めたのであろうか。

2　快楽主義への批判

カントは、道徳の根本法則の探求という課題のために、まず、常識的にもまた伝統的にも容易に受け入れられてきた考え方、すなわち、快の感情を道徳の原理とする快楽主義や感覚主義の考え方について吟味し、それらが道徳の原理の充たすべき必然性と普遍性をもちえないとして断罪する。なぜならば何が快であり何が不快であるかは、各人によって異なるとともに、同一の人間においてさえも自分の身体状態や周囲の状況の異なるに応じて変化するからであり、また快の感情は、外部から与えられる刺激に依存するという点において経験的で偶然的なものだからである。

カントは、理論哲学においての認識の可能性の基礎づけに際して、「認識が対象に従う」と考える場合には認識が経験的偶然性を免れないとして経験論の立場を批判したが、それと類比的に実践哲学においても彼は、外的感覚に基づくような道徳の考え方を行為や意欲の道徳的原理から排除する。こうして彼は快の感情を道徳の普遍的原理に据える立場を断固拒否するのである。

ところが、それにもかかわらず、快の感情を道徳の原理とする快楽主義が道徳的立場として非常に強力な立場であり、また伝統的にも根強いものであることは否定しえないであろう。なぜならば、快を求め不快を避けようとすることは、偶然的な行為であるどころか、すべての主観にとっては必然的かつ普遍的な生得的事実だと思われるからである。人間本来のこの事実を度外視して行為や意欲についての道徳的原理を打ち立てたとしても、そのような原理は、理想主義のあまりかえって内容空虚なものに堕し、非現実的な空中楼閣を建てるにすぎなくなるからである。現実を無視した理想はじつは理想ですらなく、逆に現実逃避を招くことになってしまう。

それでは、万人に共通だと一般的には見なされがちであるこの生物学的かつ心理学的な事実がもつ快の普遍性とは、そもそもどのような意味での普遍性なのであろうか。カントの言わんとする道徳の原理を考察する前にまずこの問題について考えてみよう。

人間とは本性的に自己の快を求める存在だというこの普遍的事実を万人の行為の原理として認めた場合にははたしてどうなるであろうか。その場合にはこの原理が各人相互の意志作用の普遍的調和の実現を約束するどころか、むしろ誰しもが予想しうるように、各人相互の果てしない争いの場が生じてしまうであろう。つまり自己の快や感性的衝動や傾向性を道徳の原理とすることは、「自己愛ないし自己幸福」（AKV 22）を道徳的になすべき行為の原則にすることではあるが、その際には、各人相互の意志作用の普遍的調和どころか、逆に、人間相互の相克が必然となってしまい、挙げ句の果てには自己の幸福さえも実現不可能になってしまう。

しかしながらまた、たしかにその通りかもしれないが、しかしそうであるからといって、普遍的なこの心理学的事実としての快への欲求をまったく捨象するような道徳などは、実現不可能な空虚な理念にすぎないのではないのかという懸念も拭い去ることはできない。実際に歴史を振り返ってみてもわかるように、人類は、各人の快の追究が相互間の争いの原因となるという理由から快楽追求を断念する方向へと歴史の駒を進めてきたどころか、むしろ、快楽追求という人間の普遍的事実を根源的事実として十分に容認しながらも、それでもなおかつ各人相互の衝突の回避のために利害の調節を図る手立てを模索してきたのであり、そしてこのような人類の歴史的叡知こそが、人間の現実に即した道徳でもあると見なされてきたのである。

法律とは、各人の快楽や欲望をめぐる闘争の回避を、当事者個人間だけによる調整に任せずに、国家という個人を越えた公共の権力機構に委ねた結果の産物であろうし、あるいはまた、市場主義経済とは、各人の快楽追求を当然のごとく前提にしつつ、そのうえで野放しの快楽追求が逆に各人の快楽の実現を不可能にすることを見越して、いかにしてその快楽追求を相互に抑制ないし規制しながら、なおかつ各人の欲望のよりいっそうの充足を図るべきなのかという課題に答えようとする社会経済システムにほかならない。このように法制度や市場経済システムは、人間とは各自の快楽を必然的に追究する存在者なのだという根本前提のもとに、なおかつ、快楽追求が相互の抗争に陥り快楽の達成が逆に阻害されることのないようにするための制度なのである。

あるいはまた、法や社会システムという観点からではなく、心理学的観点から快の感情自身をより深く分析することによって、快の感情のうちに、たんに私的な利己的感情だけではなく、利他的な共同体的感情なるものの存在を見届け、この共同感情に訴えることによって道徳を基礎づけようとする立場もあろう[2]。

ところが、カントによれば、社会制度とか、あるいは、他人を思いやる共感の心に訴えて、相互の利己的快楽の欲求を抑制したり調整したりしようとも、快の感情というものはそもそもその本質的性格として最終的には「自己愛ないし自己幸福」に帰着せざるをえないものであり、そうであるがゆえに快の感情を意志の規定根拠とするかぎりは個々人の意志作用の普遍的調和は依然として不可能なのである。ここにはたしかに、快の感情に対するカントの偏った見方を見届けることもできるであろうし、あるいは、カントが『判断力批判』で展開したような趣味判断に関わる反省的判断力における「共同体的感情」（KU239）を道徳の基礎づけにも応用するというような解釈の仕方も可能かもしれない。しかしながらカントは、快の感情が普遍的な生物学的事実であることをたとえ容認するとしても、いや、それが生物学的事実であるからこそ、相互の争いに陥り、各人の調和は期しがたく、したがって快の感情によって道徳的価値の普遍妥当性を基礎づけることはできないのだと考える。カントが道徳の原理として、一貫して快楽主義や幸福主義を退ける所以である。

3　帰結主義への批判

次に、快楽が道徳的な意志の規定根拠たりえないという、快楽主義に対する批判とともに、カントがことさら取り上げて批判する道徳の立場として、行為の結果ないし目的に基づいて行為の道徳的価値を評価するという、帰結主義的倫理学や目的論的倫理学の立場がある。

帰結主義とは、行為の動機や内面や心情とは無関係に、行為がもたらす結果や目的を基準にして、行為の道徳的善悪を判定しようとする立場である。しかも何をもって行為の結果と見なすかについてはさまざまな考え方があり、それに応じて帰結主義の立場も細分化されることになる。しかしいずれにせよ、行為の動機や心情とは関係なしに、惹き起こされる結果によって行為の善悪を判断するのが帰結主義である。

ここで注意しなければならないことは、カントが快楽主義と帰結主義をともに批判しているからといって、両者を同じものと見なしてはならないということである。快楽主義は帰結主義の一部に含まれるのであるが、それというのも何を行為の結果と見なすかについてはいくつかの立場があり、そのうち快楽主義は行為の結果を快楽と考える帰結主義の一つだからである。行為の結果としては、快楽以外にも、例えば、富、権力、社会的名声、知識、さらには自己実現などさまざまな結果が予想されるが、それに応じて帰結主義にもいくつかの立場が考えられるのである。

カントが帰結主義の倫理学を批判する主な理由は、結果がどのような実質的内容や目的であれ、結果としての目的や実質を実現するための手段としての行為を命じる命法（仮言命法）は、けっして道徳的に善なる行為の命法とはなりえない、というものである。というのも行為の結果である目的や実質とはつねに特定の価値内容をもち、したがって経験的にしか与えられず、そのために人それぞれに応じて、あるいは、特定の集団や共同体のそれぞれに応じて、異なるものだからである。つまり経験的にしか与えられない偶然的な内容を基準にして行為の道徳的な善さを判断するかぎり、その判断はけっして普遍性をもちえないというのがその理由である。行為の結果をみずからの意志の規定根拠とする行為は普遍妥当性をもちえず、したがってまた実質的な目的のための手段としての行為を命じる仮言命法は、道徳的行為を、無条件的に命じる命法（定言命法）ではなく、経験的で主観的な条件に依存させてしまうのだ、というのがカントの考え方である。

道徳的に善い行為を命じる命法とは、カントによれば、

> 行為の実質とか、行為から結果として起こるはずのものに関わるのではなく、行為の形式とか、行為自身が起こる原理に関わる。行為の本質的な善さは、その行為の結果がどのようなものであろうとも、その心情に存するのである。そのような命法は道徳性の命法と呼ばれてよいであろう。（AKⅣ416）

以上のことからわかるように、カントの考える道徳は、行為の道徳性を感覚的衝動や欲望に求める快楽主義的道徳ではなく、また快楽の持続性と見なしうる幸福が経験的にしか得られないかぎり幸福追求を目指すような幸福主義的道徳でもなく、[3] さらには行為の結果から行為自身の道徳性を評価するような帰結主義的道徳でもない。

行為のこのような道徳的価値が、行為によって期待された結果に関わる意志のうちに存するべきではないとするなら

ば、その価値はどこに存するのであろうか。道徳的価値は、行為によって実現されうる目的とは無関係に、ただ意志の〔形式的〕原理のなか以外のどこにも存しえない。……行為が義務に基づいて行われる場合には、意志は意欲一般の形式的原理によって規定されなければならないであろう。というのは、その場合にはこの原理からはすべての実質的な原理が取り去られているからである。（AKⅣ 400）

カントは、道徳の原理を、経験的な実質的内容を目指す原理としてではなく、人間の純粋理性ないし純粋意志に基づかせることによって、道徳を、経験主義や感覚主義や快楽主義や自然主義や幸福主義から引き離し、それによって各人の意志作用のあいだの普遍的調和を打ち立てようとするのである。

三　道徳の根本原理

1　定言命法

カントは各人の意志作用の普遍的調和をどのように考えたのであろうか。

カントによれば、人間は、意志的に行為する場合には行き当たりばったりのそのつどの状況に直面して瞬時にその状況に応じた決断をしながら行為するのではなく、同じような種類の状況を想定しそのような状況に対して、あらかじめ自分の行為の主観的規則を採用しながらその規則に従って行為している。行為のこの主観的規則を彼は「格率」（AKⅣ400Anm.）と呼んでいる。言い換えれば、外部からの暴力的強制による行為ではなく、みずからの意志に従って自発的に為され、それゆえにまた道徳的な善悪を問題にしうるような行為の場合には、人間は、同種類の状況ではしかるべく行為をしようという主観的な格率に従って行為しているのである。

たしかに人間の置かれている状況は、厳密に見れば、空間的にも時間的にも一回限りの個別的状況だと言えなくもないが、しかしながらもしそうだとすれば、われわれの行為は、一回限りの状況に対してそのつど当面の状況を瞬時に判断して行為を決断するという仕方で為されることになり、そしてその際には、行為に対するあらかじめの何らかの規則や一般法則や規範などはまったく必要がなくなるであろう。しかし人間の行為に対するそのような捉え方は、行為を、そのつどの刺激に対してそのつど瞬時に反応するような動物の行動と変わらないものと見なすことにもなりかねないであろうし、また実際のところ、規則なしに行為することなどは不可能である。また道徳教育とは一般的に見れば同じような状況における人間のあるべき振る舞い方を習得させることであろう。

カントもまた、人間の行為を、一回限りの状況でそのつど反応するものとしてではなく、同じような種類の状況のときには、どのような行為をなすべきなのかをあらかじめ導くような格率に従うものとして理解し、そのうえで、道徳の根本問題とは、或る行為が道徳的に正しいか間違っているかを決定する基準とは何かの探求であり、かつ、そのことは、行為の主観的な格率が道徳的に正しいかいなかを判定する客観的基準としての道徳法則の探求である、と考えるのである。

この根本問題に対しては、本章の前節で述べたように、もしも格率が、感性的衝動や快の感情によって規定されり（快楽主義）、特定の目的＝結果の実現のための手段としての行為を命じるものである場合には（帰結主義）、当の格率がけっして普遍妥当的なものとはなりえなくなってしまう。かくしてカントは、主観的規則としての格率が同時に普遍的に妥当しうるための道徳性の原理、すなわち道徳法則を、『道徳の形而上学の基礎づけ』においては次のように定式化する。

汝が、普遍的法則となることを同時に欲しうるような格率に従ってのみ行為せよ。（AKⅣ 421）

また『実践理性批判』においては、それを「純粋実践理性の根本法則」と呼びながら次のように表現している。

汝の意志の格率が、つねに同時に、普遍的な立法の原理として妥当しうるように行為せよ。（AK V 30）

この道徳の根本法則は、行為の結果（目的）としての実質的内容を実現するための手段を命じる「仮言命法」ではなく、行為の目的如何にかかわらず、道徳的に為されるべき行為を無条件的に端的に命じる法則として「定言命法」（AK IV 421）とも呼ばれる。[4] カント倫理学は、行為の結果から行為の道徳性を判定しようとする帰結主義的倫理学でも目的論的な倫理学でもなく、行為の結果如何にかかわらずに行為の善悪を規定する義務論的倫理学である。

定言命法によれば、行為の主観的規則である格率が道徳的な格率であるためにはそれが以下のようなものでなければならない。

第一に、その格率が、感性的利害や特定の価値内容（例えば、勇気・誠実さなど）に直接に関わるものでないことである。というのも例えば勇気はそれ自体で善なのではなく、その使用の仕方によって悪用されることもありうるからである。第二に、格率は、そのうちに内的矛盾を含まず整合的でなければならない。第三に、自分以外のほかの人間がその格率を採用した場合にも、自分の格率と他人の格率とのあいだに何らの衝突も生じない。言い換えれば自分の格率だけを例外視することはできない。さらに第四に、格率は、特定の状況においてだけ妥当するのではなく、いついかなる状況においても普遍的に妥当しなければならない。行為者が普遍的妥当性を欲しうるような格率こそが、道徳的に正しく、また、義務として為すべき行為を命じ、それゆえに各人の意志相互の普遍的調和を可能にするのである。

こうしてカントは、格率が道徳的に正しいかどうかを判定する基準を、格率の普遍的法則性に求めるのであり、ここから逆に、道徳的に間違っている格率とは、矛盾なく首尾一貫して欲することができないような格率だということにもなる。

2　定言命法の適用

カントは定言命法という彼の提示した道徳の根本原理を具体例に即しながら説明している。例えば、自分が困窮しているときには偽りの約束をしてでも借金をすることにしている、という格率を採用した場合、その格率が道徳的に正しいかどうかは次のようにして判定される。すなわちこの格率が普遍化できるかと言えば、この場合に人は、一方では、相手を信用させて約束を成立させようと欲し、同時に他方では、自分の都合によって誰しもがその約束を破ることができることを欲していることになり、したがってこれら二つのことを同時に欲することは内的矛盾のゆえに不可能なのである。それゆえこの格率の普遍的法則性を欲することができなくなり、かくしてこの格率は道徳的に間違っているということになる。

あるいはまた別の例として、快適さ以上に不幸が予想される前途を悲観して自殺すべきことを格率として採用した場合にはどうであろうか。その場合には、もし前途に不幸がなければ自己の生の促進という自然の使命を認めながらも、同時に、自殺によってそれを破壊することになり、したがって「自然は自分自身に撞着し、それゆえ自然として存続しない」（AKⅣ 422）がゆえに、この格率は普遍的法則とはなりえず道徳的に正しくないことになる。

そのほかにカントは、われわれが生まれながらの才能を陶冶すべきであることや、困っている他人に親切にすべきであることなどを定言命法の適用例として挙げている。これらの具体例の説明を通してカントは、定言命法が行為の格率の道徳的善悪を判定するための必要にして十分な条件たりうると考えていたと思われる。なお、定言命法の適用にまつわる諸問題については次章で論じることにする。

3　意志の自律と人格の尊厳

ところで、行為者みずからが採用した格率が普遍的法則性をもたなければならないということは、同時にまた各人の意志が、外的強制によらずにみずから自発的に道徳的な格率を立法しうる意志であることを意味する。つまり各人は、みずから立法しうるその法則にみずからが服従することによって道徳的行為を為しうる存在なのである。ここにこそ、カント倫理学の基本思想の一つである「意志の自律」（AKⅣ 433）が成立していることになる。定言命法は、格率の道徳性を判定する基準であるとともに、人間の理性的意志の自律性を含意しているのである。

さらにまた、理性的存在者としての人間が道徳的に行為しうる「自律的」存在者だということは、人間が、外的強制に必然的に服する単なる物件ではなく、人格としての尊厳（AKⅣ 434）すなわち人格性を有する存在者であることをも意味している。もし意志が、自分の純粋意志以外の物件や感性的欲望などの外的なものによって規定されたり、あるいは、自分の意志以外の他人や国家権力や神的意志によって外的に強制されて行為する場合には（カントは意志に対するこのような外的強制一般を「意志の他律」と呼ぶ）、人間は、感性的世界の奴隷となりはてたり、あるいは、他人や国家や神の恣意という、自己を越えたものに服従し、そのときには人間は、道徳的な自律的存在者ではなくまたそれとともに人格としての尊厳を喪失することにもなるであろう[5]。

外的強制に服して行為する場合には（例えば軍隊での命令に従う行為）、人間はみずからの行為に対してみずからが責任を負う必要もなくなるであろう。こうして人格としての尊厳の根拠である意志の自律、および、その自律を含意する定言命法は、同時に人間が自己の行為の責任をみずからに引き受けるという人間の帰責可能性をも根拠づけているのである。

4　諸目的の国

道徳法則は、つねに単なる手段でしかなくそれゆえまた交換可能な物件のもつ価値である「価格（Preis）」（AKⅣ 434）に対して、それとは本質的に異なる人格の「尊厳（Würde）」（AKⅣ 434）という代替不可能な絶対的価値を保証する。物件は何らかの目的に対する相対的な価値しかもちえず、したがってつねに手段としてしか扱われえないのであり、そのためにそれらの実現を目的とするかぎりでの格率はまた、相対的にしか妥当しえずけっして普遍妥当的たりえない。

それに対して、もしもけっして手段とはなりえないような絶対的価値をもつ目的自体というものが存在しうるならば、そのような目的自体を目指す格率こそが普遍的に妥当しうる格率であろう。目的自体は、実質的内容を欠くという点ではたしかに形式的なものであるが、しかしながらそのような形式的な目的自体こそが代替不可能な絶対的価値を有するのであり、カントは理性的存在者の人格性のうちにこそそのような絶対的価値を見出している。定言命法は、人格の尊厳に関わり、自己および他人の人格性をけっして手段として利用することなく、それを目的自体として扱うことを命じており（AKⅣ429）、このことからカントは、目的自体としての諸人格の共同体である「諸目的の国」（AKⅣ433）という道徳的共同体を、人間社会の一つの理想として構想するにいたる。

四　霊魂不滅と神の存在の実践的要請

『純粋理性批判』においては、感性界を超越する「蓋然的概念」であるがゆえに、その理論的認識が不可能だとされた三つの理念、すなわち、魂・自由・神という理性概念が、『実践理性批判』においては実践的にその実在性が積極的に要請されることになる。

カントによれば、道徳法則が存在するということは人間理性の根源的事実であり、したがって道徳法則を証明という仕方で演繹することは不可能なのである。しかもこの「理性の事実」（AKⅤ31）を通してこそ、人間の道徳的意志の「自由」もまた確証されうるのである。こうして理論哲学においては単なる「蓋然的概念」として思考不可能ではないという消極的意味において認められていた超越論的自由の概念が、実践的な立場から実践的自由として、「理性の事実」である道徳法則によってその実在性が基礎づけられることになる。

しかしながら他方、人間は理性のみを有する存在ではなく同時に感性的存在でもある。そうであるかぎり、人間の意志が、この感性的世界において道徳法則に完全に適合することなどは不可能だということも容易に理解できるであろう。神的意志のように意欲することがただちに道徳的であるわけではなく、ときには道徳に反する行為を意欲する感性的な人間にとって、道徳的行為は、あくまでも義務として強制される当為にとどまらざるをえない。つまり、自然必然性と自由の合致、あるいは感性界と叡知界の合致は一つの目標にとどまらざるをえない。もちろんこの目標は実践的に必然的な目標ではある。こうして人間は、理性の事実としての道徳法則と、それを通して確証される実践的自由に基づきながら、道徳の実現を、すなわち、当為と存在の合致、ないし自由と自然の合致、さらには叡知界と感性界の合致を目指して無限に努力してゆく存在なのである。

このような合致を、カントは道徳性と幸福の一致としての「最高善」（AK V 108）と見なし、この最高善を目指しての人間の無限の努力を保証するものとして、霊魂不滅と神の存在とが実践的に「要請」されることになる。すなわち、最高善が実現されるためには、その前提条件として、人間の意志が道徳法則と一致しなければならないが、そのためには人間の人格的存在の無限の進行が必要となる。有限な人間の死によってその進行が中断されることがあってはならず、そのために霊魂の無限の進行が必要であり、こうして霊魂の不滅が要請されざるをえなくなる。霊魂不滅は、最高善の実現のために必要な前提条件であり、また、意志と道徳法則の一致のための必然的な実践的要請なのである。

さらには、意志が道徳法則に一致し、意志の道徳性が成立したからといって、そのような徳性に比例するだけの幸福が与えられるとは限らない。徳と幸福の一致としての最高善の実現のためには、有限な人間の道徳的努力を越えたものが、すなわち、全能なる神の存在が、必然的に要請されなければならない。カントにとって神の存在は、人間を超越する神学的な実体的存在なのではなく、あくまでも人間の道徳的努力に応じた実践的要請なのである。そしてこの点にこそ、神についての伝統的な存在証明を独断論として退けた批判哲学者カントにおける神概念の特徴も存すると言えよう[6]。

以上のように、霊魂不滅と神の存在は、カントにとっては、人間の道徳的努力を保証するために実践的に要請されるものであって、それらが、人間から独立な実体として独断的に前提されているのでもなければ、またそれらが、意志の格率の規定根拠になって道徳を基礎づけるのでもない。霊魂不滅や神の存在の要請は、カントにとっては実践的な理性信仰なのである。したがって伝統的形而上学におけるように道徳が信仰に従属してしまうのではなく、信仰は理性にこそ基づかなければならないのである。

こうして、理論理性にはその客観的認識が拒まれた自由・霊魂・神という三つの理念に関して、「理性の事実」としての道徳法則を媒介にしながら、それらの実践的実在性が要請されることになる。ここにおいてはまた、カント哲学の体系性という観点から見た場合に非常に重要である考え方、つまり理論理性に対する実践理性の優位という思想を見届けることができるのである。

注

（1）本書第七章第四節2「世界の二律背反」を参照。

（2）例えば、経験論者ヒュームの道徳哲学は道徳感情論であり、それは、道徳的判断の根拠を快不快の感情に求める。しかしながらその際の快不快の感情とは、けっして自分一個の感情を意味するものではなく、むしろ、他人の快苦に感応する「共感（sympathy）」のことであり、したがってこの「共感」という感情に依拠することによって彼は、利己主義や主観主義的道徳を克服するような道徳感情論を構想することができたのである。

（3）「幸福」という概念は歴史的に見ても非常に多義的であり一義的理解は困難であるが、カントは幸福を、「理性的存在者がもっている、持続的に彼の現存在全体に伴う、生活の快適さの意識」（AK V 22）と規定している。つまり彼は幸福を快適さという感性的傾向性と結びついたものと理解している。

（4）道徳法則と定言命法を同一視できるのかどうかというカント解釈上の問題がここで提起されるかもしれない。というのもカントによれば、道徳法則とは、人間のみならず、欲することが同時におのずから道徳的行為でしかないような神的存在者をも含めた、すべての理性的存在者に妥当する法則であるのに対して、定言命法は、反道徳的行為に開かれている有限な人間にのみ命令の形で妥当するかぎりでの道徳法則を意味するからである。しかしながらまた、カントがこのような理由によって両者を真に区別できると考えていたのかどうかという問題はカント倫理学の核心に関わる問題であり、容易には答えがたい。なおこの問題についての筆者の見解については、次の拙著を参照されたい。『知覚・言語・存在――メルロ＝ポンティ哲学との対話』（九州大学出版会、二〇一四年）の第一四章「倫理の存在論的可能性――カント倫理学の現象学的解釈の試み」、とくにその第三節。

（5）カントは、純粋意志か感性的欲望か、あるいは意志の自律か意志の他律かというように二者択一的な仕方でみずからの道徳論を展開する傾向が非常に強い。しかしながらはたしてそのような二元論的立場がカントの本意なのかどうかということはカント解釈における最大の問題である、と筆者には思われる。カント倫理学における二元論的思考法を現象学的観点から再解釈ないし再考しようとした筆者の立場として、次の前掲拙著を参照されたい。『知覚・言語・存在――メルロ＝ポンティ哲学との対話』所収「第十四章、倫理の存在論的可能性――カント倫理学の現象学的解釈の試み」。

（6）本書第七章第四節を参照。

第十章　実践哲学（二）——カント倫理学の特徴と問題点

一　はじめに

カント倫理学の根本原則である道徳法則は、人間の純粋実践理性の無条件的な価値と自律性を確立することによって、西洋倫理学史の中で燦然たる輝きを放っている。しかしまたその道徳理論が道徳の究極的基礎づけを狙うあまり、非常に抽象的で厳しいものとなり、そのために道徳法則が感性的現実世界から乖離してしまいがちである。そのためにカント以後の哲学者たちによってさまざまな批判を被ってきたことも否定しえない事実である。

彼の倫理学は、第一に、行為の善悪を行為のもたらす結果によって判断する帰結主義でもなければ、目的のための手段を命じる目的論的倫理学でもなく、いわゆる「義務のための義務」としての義務論的倫理学であり、第二に、意志の実質的な内容や目的を意志の格率の規定根拠とするのではなく格率の普遍的法則性を強調する形式主義であり、そして第三に、通常は行為を動機づける大きな要因である経験的な感情や傾向性を道徳の原理から極力排除しようとする厳格主義でもある。

本章では、カント倫理学のこれらの基本的特徴を吟味しながら、その意義と問題点について考察することにしよう。あらかじめ注意すべきは、これらの諸特徴は相互に緊密に絡み合いながらカント倫理学の全体を構成しており、したがってまたそこに含まれる諸問題も密接に関連しており、けっして相互に独立なものではないということである。

二　義務論的倫理学

1　法的判断（判決）と道徳的判断

行為とは、一般的に見れば、感性的経験的世界において何らかの結果を引き起こすものであるが、しかしそうであるからといって、カントは、行為の道徳的価値を、行為の結果や目的から判断する帰結主義的倫理学とか目的論的倫理学の立場に立つのではなく、行為の結果や目的から独立に行為の道徳性を判定する義務論的倫理学の立場に立っている。

ところで道徳的判断とは行為ないしその規則（格率）の道徳的善悪に関する判断であるが、この判断の特徴はどこに存するのであろうか。道徳的判断が善悪という価値に関わるものであるかぎり、それは一般的には、自然現象の事実に関わると見なされる科学的認識判断とは区別される。ところでそれでは、同じく人間の行為の評価に関わる道徳的判断と法的判断（裁判での判決）の違いはどこに存するのであろうか。ちなみにこの問題はカントにとっては「道徳性（Moralität）」と「適法性（Legalität）」の相違に関わっている。

法律を基準にした行為の判定である裁判での判決（法的判断）は、これから為そうと意図する行為に対してではなく、すでに為されてしまった窃盗や暴行や殺人などの行為に対して、既成の法律と照合しながら下される。法的判断は、明らかに、すでに為されてしまった行為の法的評価を問題にするのであって、行為以前の殺害の意図それ自体が法的に裁かれるわけではない。もちろん法的判断を下す際にも殺意の有無が判決にとっての重要な要因になるが、しかしそれはあくまでも、殺人という行為がすでに遂行されてしまったことを前提にしたうえでのことであり、そのかぎりでは裁判での判決は、あくまでも帰結主義の立場に立った判断だと言えよう。

他方、倫理学における判断は、概して言えば、為されてしまった行為についての判断はもちろんではあるが、それのみならず、実際の行為以前の意図なり規則なりについての判断にも関わっている。例えば、倫理学における帰結主義の立場の一つである功利主義は、行為や、あるいは行為を導く規則がすでに遂行されてしまったかいなかにかかわらず、当の行為や規則が、実際に、ないしは、予想として、結果的にもたらす公共の利益の多寡を基準にして、その行為や規則の道徳的善悪を判定する。もっぱら為されてしまった行為のみに関わる裁判上の帰結主義と、倫理学における帰結主義とのあいだには、このような違いを認めることができるであろう。

2　カントの義務論

ところが、カント倫理学は、行為によって現実的ないし可能的に惹き起こされる結果に基づいて行為の道徳的善悪を判定する帰結主義的倫理学ではなく、いかなる結果が生起しようとも結果には関わりなく、行為の格率を意欲する意志そのものに関してその善悪を判定する義務論的倫理学である。

それではなぜカントは、帰結主義ではなく、義務論の観点から道徳的判断を下そうとしたのであろうか。

その積極的な理由は、前章で述べたように、意志規定の根拠である道徳法則が実践理性の根源的事実である、ということに存している。つまり人間が道徳的に行為すべきであるならば、人間は、行為の結果を顧みずにひたすら純粋理性の事実としてのこの道徳法則にみずから自発的に従わなければならないのである。そこにおいては、道徳法則と意志とのあいだにアプリオリな関係が成立しているのであり、行為の結果を斟酌する経験的な余地などはあらかじめ封じ込められていると言えよう。

しかしながらまた、カントが帰結主義をみずからの道徳的立場として採用しなかった消極的な理由ないし現実的な理由としては、次のような一般的な理由も考えられるであろう。

行為の結果は、往々にして行為の意図に反する場合がある。例えば、子供に対して公正な値段で商品を売りつける商人の行為は、一見したところは、道徳的に賞賛される行為であるように見えるが、しかしじつは、その行為によって当の商人が意図していたことが、けっして、人を差別なく公平に遇することが道徳的に正しいことだと考えていたからではなく、その賞賛がほかの多くの客を引きつけそのために商売が繁盛し、その結果、自己の利益が増大することだとしたならば、われわれは彼の行為を道徳的に正しい行為だと判定できるのであろうか。逆に、正直者は馬鹿を見ると言われるように、正直であることがそれに見合う結果をかならずしも招来せず、むしろ現実の日常生活はその反対の結果をもたらすことが多いことをわれわれはしばしば痛切に実感する。このように、行為の結果はかならずしも行為の道徳性の判定を確実にするものではなく、それどころか、現実はその反対の実例を頻繁に示しているかぎり、行為の結果による行為の道徳性の判定が判定の確実性にはつながらないのだ、とカントが考えたのも当然のことかもしれない。

あるいはまた、過去の恩に対する報いという行為を念頭に置く場合にはカントの立場も納得できるかもしれない。例えば、自分を育ててくれた両親に対する感謝という行為は、この行為が未来において利益や幸福を増大させるかどうかとは無関係に、道徳的な行為として一般には見なされうるであろうし、あるいは、約束の履行という行為も、約束したという過去の事実に基づくものであって、それの履行が将来にもたらす結果如何に左右されるものではない。これらの例からわかるように、行為の結果はかならずしも行為の道徳性からの必然的帰結ではないがゆえに、カントは、帰結主義的倫理学をみずからの倫理学の立場としては退けようとしたのだと思われる。

3　義務論の問題点

しかしながら、行為の結果がかならずしも意図の道徳性を正確に反映するものではなく、あるいはまた、有限な人間は行為の結果をあらかじめ確実には予想することができず、それゆえ、厳密に見れば、そもそも結果からは行為の道徳性を正確には判定することなどは不可能だと言えるとしても、そうであるからといって、結果から行為の道徳性を判定するという帰結主義が間違っているとはかならずしも言えないのではないのだろうか。

というのも、たとえ意図の道徳性が結果に直結せず、また結果の確実な予測も困難であるとしても、そもそも、行為の本質ないし構造がどのようになっているのかを少しでも反省してみさえすれば、人間の行為というものが、結果や目的をあらかじめ予想しそれを先取りすることなしにはまったく不可能なことは明らかだからである。言い換えれば、行為の結果を度外視したり行為の結果に対する責任を引き受けようとしないような道徳論は、そもそもはじめから行為の本質を根本的に誤解しているのである。行為が人間の行為たる所以は、自然事物の現象のように、時間的に先立つ出来事によって因果必然的に結果が決定されることに存するのではなく、自分の過去の経験を踏まえながら、同時に未来を先取りしつつ、現在を生きる、という人間存在の時間的な本質構造に存しているのであり、そうであるかぎり、行為の道徳性の判定に際して、行為の未来としての結果を判定の重要な要因と見なさないような倫理学は、行為の本質を無視したものだと言わざるをえないのではないだろうか。

さらに言えば、義務論者が重視する各人の意図なり心情なりは、第三者によって観察可能なものではありえず、それゆえ、そのような内面的な心的状態を行為判定の手がかりにすることは、道徳的判断の客観性をはじめから放棄したものだと見なさざるをえないのではないだろうか。

あるいはまた、内面的心情が外面的行為から独立に成立するという考え方自体にも問題があろう。というのも心情はあくまでも表現されることによってこそ心情として成立するのであって、表現なしの心情は何ら心情とは言えないからである。例えば、悲しいとは泣いたり沈んだ表情をすることであって、けっしてまず内面の悲しさが表情とは独立に存立しその次にそれが原因となって沈んだ表情が結果するわけではないからである。

以上のように、カントの義務論的倫理学に対しては、人間行為の本質である未来予測・目的志向という側面をあまりにも軽んじ、また行為の結果に対する責任を忘却し、道徳的判断を各人の意識内部の神秘的領域に閉じこめようとしているのだ、という批判がなされうるであろう。こうしてカントの倫理学は行為の結果に責任をもつ「責任倫理学」ではなく、結果以前の内面的意志の在り方のみを斟酌する「心情倫理学」だと批判されることがある。[1]

4　カントの反論

ところで、カント倫理学に対するこのような批判に対してはカントのテキストを踏まえつつ次のように反論することができるかもしれない。すなわち、カントは、結果を予測しつつ目的を目指すという行為の本質的在り方そのものを否定しているわけではなく、彼が否定するのは、意志を、行為の結果や目的に基づいて規定することであり、しかもとくに、快の感情や自己の幸福といった感性的傾向性に依存した目的を意志の規定根拠とすることである、と。つまりカントは、結果による意志規定によっては普遍的に妥当する道徳的行為が不可能になるために、それとは異なる規定の仕方として理性の事実としての普遍妥当的な道徳法則による意志規定を語るのである。

カントは、欲求能力である意志を、本質的に目的の表象を先立てることによってその目的を実現しようとする能力だと定義しており（AKⅦ211 および AKⅤ9Anm.）、それどころか彼は、最晩年の著作である『道徳の形而上学』（一七九七年）の「第二部、徳論の形而上学的基礎論」において、目的概念に二種類を認め、経験的な「傾向性の目的」とは区別される「純粋理性の目的」という「道徳的目的」を「アプリオリな目的」と呼び、このアプリオリな目的によって意志が規定されることが行為の道徳性をなすとさえ語っている（AKⅥ380–382）。[2]晩年のこの著作によれば、カントを反帰結主義的な義務論者だと決めつけることはできないであろう。つまりカントにおいては、帰結主義と義務論はかならずしも矛盾しあう立場ではないということになる。最晩年のこの著作を踏まえるかぎりは、『実践理性批判』執筆の批判期においては、快の感情や自己幸福といった経験的な目的による意志の規定を強く戒めながら、行為の道徳性を、理性の事実としての自己立法という義務論的立場からことさら規定することによって、帰結主義という側面が背後に退いていたにすぎないと言えるかもしれない。

しかしながらこのようにカントを弁護してもそれでもやはりさらなる問題が生じてこよう。というのも、カントが単なる義務論者ではなく、帰結主義的な目的論者でもあると解しうるのは、あくまでも、彼の言うところの「アプリオリな目的」が容認されうる場合でしかない。しかしながら「アプリオリな目的」なるものがそもそも可能なのかどうかという問題は容易には答えられない大きな問題として残らざるをえないからである。行為の結果としての目的は、本来、感性的経験的世界においてこそ実現されるべきものであるとするならば、カントの言う「アプリオリな目的」とはいかにも不可解な概念だと言わざるをえず、現実の経験世界から遊離した抽象的な目的にすぎないとも言えるからである。さらにはまた別の問題としては、カント倫理学の体系性という点から見た場合に、批判期のカントの道徳哲学と最晩年の『道徳の形而上学』との整合性という問題も生じてこよう。

三　形式主義

1　定言命法の形式主義

道徳の根本原理としてカントが提示した定言命法は、具体的にどのような内容の行為が道徳的に正しい行為なのか、つまり義務であるのかを命じているわけではない。例えば、「他人に誠実であれ」とか「隣人を愛せよ」とか

「他人の幸福を促進せよ」とか「自己の能力の錬磨を怠るな」などのように、一見したところ非の打ち所がなく即座に道徳的行為と見なしてよいような具体的行為を、定言命法が命じているのではない。定言命法は具体的にどのような行為が善なる行為であり、どのような行為が悪なる行為であるかを判定しようとする際の根本原理として、みずからの格率がもっぱら普遍的法則となることを欲しうるかどうかを吟味せよ、と命じているだけである。

2　形式主義に対する批判

このことから、カント倫理学は、道徳的行為の実質的な内容については何ら語りえない形式主義（Formalismus）だという批判をたびたび被ってきた。定言命法が命じる格率の普遍的法則性という要求だけによっては、現実的にどのような内容・実質を有する行為が道徳的行為なのかが無規定のままであり、しかも行為とはあくまでも具体的な感性的世界において遂行されるものであるかぎり、定言命法というカント倫理学の根本原理は、道徳の基礎づけにとっては、たしかに必要条件ではあるかもしれないが、しかしけっして十分条件とはなりえないという批判である。というのも定言命法の言う普遍的法則性は、格率ないし意志の「普遍的形式性」を強調しはするものの、しかしそれによっては意志が実質的にどのような行為を欲したらよいのか、具体的に何を目的として意欲すべきなのかは、内容的には何も答えられたことにはならないからである。

形式主義という批判はさらにまた、カント倫理学が行為へと人間を駆り立てる根本動因であるはずの感情を無視しており、そのために厳格主義（Rigorismus）に陥っているという批判にもつながっている。なぜならば定言命法は、一般的には行為の動機をなすと認められるあらゆる欲望や傾向性を道徳性から厳しく排除することによって、行為を本来的に促すはずの一切の感情を抹殺して、ひたすら「義務のための義務」としての血の通わない行為のみを命じているからである。

カントの『判断力批判』に触発されながら道徳と美的感情の調和を強調する詩人シラーは、カント倫理学における厳格主義を皮肉って次のような有名な詩を残している。

私は友のために喜んで尽くした。しかし残念ながら私はそのことを傾向性から為している。そのために私はしばしば自分が有徳的でないことに悩む。君はまず彼らを軽蔑し、それから義務の命じるままに嫌々ながら行為することに努めよ、ということ以外にいい手立てはないのだ。[3]

カントの形式主義が、友人への奉仕に伴う喜びの感情を行為の動機から分離したことの抽象性をシラーは痛烈に批判しているのであるが、この批判はたしかにカント倫理学の厳格性という問題点を鋭く突いたものだと言えよう。というのも、イギリスの経験論者ヒュームなども語るように、道徳的行為が意味あるものになりうるのは、感情の暖かさに訴えることによってであろうし、また、行為の結果として予想される喜びや幸福などの感情を行為の動機にすることは、道徳的行為のうちに実質的価値を認めることにもなるからである。他人に対する誠実な態度や他人の幸福を促進する行為には喜びの気持ちが伴うからこそ、道徳的な行為もまた生き生きと可能になるからである。

もっとも、カントは、「嫌々ながら」義務を行うことを積極的に勧めているのではなく、また彼はたしかに、傾向性の感情が行為の動機となって意志を規定することは否定しはするものの、行為に随伴する喜びの感情までをも否定しているわけではない。しかしいずれにせよ、カント倫理学の厳格主義がシラーの批判をまつまでもなく、道徳の在り方を感性的世界からあまりにも引き離しすぎていることは否めないであろう。[4]

3　カントの反論

カントは、道徳的な意志とは行為の目的や実質的内容に左右されるものであってはならないと考える。『道徳の形而上学の基礎づけ』第一章の冒頭の次の言葉は、カント倫理学の形式主義と厳格主義を象徴しているものとしてしばしば引用される。

> この世界において、それどころかおよそこの世界の外においてでさえ、無制限に善いと見なされうると考えられるものは、ただ善い意志のみである。（AKⅣ393）

> 善い意志は、それが惹き起こしたり達成したりするものによって、またそれが意図された何らかの目的に役立つことによって善いのではなく、ただそれが意欲することによってのみ、すなわち、それ自身において善いのである。（AKⅣ394）

カントによれば、目的とは、例えば、正直、誠実、寛大、親切、慈悲などの実質的内容をもっており、そうであるかぎりそれらは格率の普遍性を保証するものとはなりえない。というのも、例えば、独裁者や極悪非道の人間に対してでさえも「正直」に事実を告げなければならないとすれば、その際の「正直さ」は彼らの非道をいっそう助長することになりかねないからであり[5]、あるいは、他人への「親切」がつねに他人のためになるとも限らないからである。こうしてカントは道徳の原理から一切の内容を捨象して、意志の形式のみを認める形式主義の立場をとったわけである。

4　カント倫理学を克服する試み——シェーラーとフランケナ

以上のことからわかるように、カント倫理学に対する批判者は、カントのうちに、形式＝普遍的法則性と実質的内容＝相対性という二元論的峻別を見届け、その難点を指摘する。この二元論はまた、形式＝アプリオリと価値内容＝アポステリオリという二元論でもあり、その意味ではカントは、アプリオリ主義の立場から彼の倫理学を展開したとも言えよう。このようなカント倫理学の形式主義、厳格主義あるいはアプリオリ主義を批判することによって、カントを越える倫理学を構想する例として、次の二つを挙げておこう。一つは、ドイツの哲学者マックス・シェーラーの実質的価値の倫理学であり、他方は、アメリカの倫理学者フランケナの、義務論と目的論を総合しようとする「混合義務論」である。

シェーラーによれば、たしかに大抵の場合には、意志の目的としての価値内容は、経験的な価値つまり相対的で偶然的な価値ではあるが、しかしもしも経験的で偶然的ではないアプリオリな価値がありうるとするならば、カント的な形式主義を克服することができるはずである。師のフッサールの現象学における本質直観という考え方の影響を受けたシェーラーは、われわれ人間は、経験的で偶然的な価値のみではなく、快の価値、生命的価値、精神的価値、聖の価値という四段階の「アプリオリな実質価値」を直観しうるのであり、そして人間の本質としての人格は、最後の聖の価値を理想として神的なものへ近づくのである。[6] つまりシェーラーは、カントとは異なり、実質的でかつアプリオリな価値の存在とそれの直観的把握を認めることによって、カント倫理学の形式主義を批判しつつ、「実質的価値倫理学」を説くにいたっている。

他方、フランケナによれば、カントが形式主義に陥ってしまったのは、定言命法が行為の目的や結果をまったく考慮せずに、ただ格率の普遍性のみを倫理学の根本原理としたためであり、そのために定言命法は、われわれがどのような具体的な格率なり規則なりに従って生きるべきかを決定するための必要条件にはなりえても、けっしてそこから具体的規則が導出しうるような十分条件とはなりえていない。したがって倫理の原理のためには、カント的な義務論の立場からの原則のみでは不十分であり、そのほかに、それとは異なる独立な原理として、行為の結果を考慮に入れた帰結主義の立場からの原則も必要となる。

こうしてフランケナは、義務論的原則としての「公正（justice）の原則」と、行為の結果としての善の促進のための「善行（beneficence）の原則」という二つの原則からなる「混合義務論」を提案し、例えば、前者からは「斟酌の平等」や「法の前における平等」などの規則が、後者からは「他人に害を加えるなという規則」や「他人の自由に干渉するなという規則」などが、そしてまた両者の結合からは「真実を語れ」という規則などが、具体的な行為規則として導出されると主張する。(7) カントにおいては、帰結主義と義務論が相反するものであったが、フランケナは両者の併存ないし総合として倫理学を構想するわけである。

カント倫理学の形式主義を克服しようとするこれら二つの試みが、はたしてカントに対する批判として妥当なものなのかどうかについては、カント倫理学のさらなる検討が必要であろう。例えば、前節で述べたように、カント自身、晩年の『道徳の形而上学』においては経験的な目的とは異なる「アプリオリな目的」なるものを認め、それを「同時に義務である目的」と呼んでいるが、目的のアプリオリ性の容認はカントとシェーラーの親近性を連想させるであろうし、また、「義務としての目的」をカントが認めていることからすれば、カントが義務論とともに帰結主義をも認めていることにもなり、このことはまたフランケナとの類縁性を予想させるであろう。

5　形式主義の意義

本節においては、カント倫理学における形式主義を否定的にのみ捉えようとするカント批判について語ってきたが、しかしまたカントの形式主義をそのように否定的にのみ解することの一面性について簡単に述べておこう。

カントは、定言命法の唯一性を強調することによって、フランケナのように二つの独立な原則を同時に認めることはせず、そのために形式主義に陥ったと批判されたのであるが、しかしながら他方では、フランケナのように、二つないしそれ以上の相互に独立な原則を認めた場合には、それらの諸原則のあいだの衝突に巻き込まれ、諸原則間の優先関係という問題がおのずと生じてこざるをえなくなることが予想される。そしてこの問題を解消しようとすれば、結局のところ、カントの提示するような、形式的原理ではあっても、原理の唯一性という考え方に行き着かざるをえなくなるであろう。原理の唯一性と形式性を回避するために複数の原則を認めようとする立場は、それらの原則をそのときどきの状況に応じて適宜使い分けるという仕方でそれらの原則を現実の行為に適用することになり、そしてその場合には行為の原則が状況に左右される相対的なものに陥ることにもなろう。

このように見てくると、カント倫理学の形式主義は、倫理学における相対主義の克服のための一つの大きな手がかりを与えていることは疑いえないであろうし、またこの点にこそ、カント以前およびカント以後の倫理学史の中でカント倫理学の重要性が存するとも言えるであろう。

四　義務間の衝突

カントは定言命法の唯一性を強調する。ここでの唯一性とは、定言命法がすべての義務一般に妥当する根本原理であることを、つまり、個々の具体的な内容をもつもろもろの義務、例えば、「困っている人を助けよ」とか「約束を守れ」とか「正直であれ」などの義務に例外なく妥当することを意味している。これまで何度も言及してきたように、何が義務であるかを内容的に確定しようとすることに定言命法の意義が存するのではない。行為者が採用した或る格率が道徳的に行うべき行為すなわち義務であるのかどうかを判定するための根本的な試金石として、格率の普遍的法則性を強調するところに、定言命法の意義が存するのである。しかしまたそのように非常に一般的な原則であるがゆえに、定言命法は、形式主義という難点をみずからのうちに抱え込まざるをえなかったことは既述の通りである。

しかし定言命法の抽象性は形式主義ばかりではなく、さらにまた新たな難点ないし問題点として、義務間の衝突という問題にも直面せざるをえなくなる。しかもこの問題もまた、日常生活の中でわれわれがしばしば直面する道徳上の切実な問題に関わるものである。

例えば、夕方五時に友人と博多駅で待ち合わせの約束をしていたが、そこへ行く途中に腹痛で道端にうずくまっている人に出くわした場合、その人を病院に連れてゆけば約束の時間に間に合わなくなるし、逆に、見て見ぬふりをして通り過ぎればその人が生命の危機にさらされるかもしれない。このときわれわれは「約束を守るべし」という一般的な義務と「困っている人を助けよ」という一般的な義務とのあいだで、どちらの義務を優先させるべきなのかという問題、すなわち、二つの義務のあいだの衝突の問題に直面することになる。

このような事態に対して、カントの定言命法は何らの答えも与えてはくれないように見える。なぜならば、定言命法は或る義務を別の義務との関係からではなく、或る義務を他と無関係な単独のものと見なし、その孤立した義務に関してその普遍的法則性を語るだけだからである。こうして義務間の衝突という事態に際して定言命法のもつ大きな問題点が浮き彫りになってくる。

それでは、このように二つないしそれ以上の義務のあいだの衝突に直面した場合にわれわれはどのように対処すればよいのであろうか。

対処法の一つとして予想されることは次のようなものであろう。すなわち、どのような具体的状況において義務間の衝突に巻き込まれるのかをあらかじめ予想することなどは不可能だという前提のもとで、当面の具体的状況の中でそのつど、ことの重大性を比較考量しながら、例えば、腹痛はどの程度なのか、生死に関わることなのか、それとも我慢すれば治まるものなのか、あるいは、頼めるほかの通行人がいるのかどうか、病院は近いのかどうか、友人との約束の中身の軽重はどの程度なのか、等々を考慮に入れながら、衝突しあう義務のあいだに優劣をつけることによって、どちらの義務を選択するかを決定するという対処法であろう。

この場合の決定法は、義務のあいだの優先関係をそのときの固有の状況に応じて決定するという、場当たり的な方法であって、けっしてあらかじめ義務のあいだに優先関係をつけておくものではない。つまり状況を即座に直観的に判断して行動を主観的に決断する方法だと言えるであろう。

はたして、義務間の衝突の場合には、しかもじつは、われわれの日常の行為は、極端に言えば、どの行為も単独の義務と関係するものではなく、つねに複数の義務の衝突と関係していると思われるのであるが、そのような場合には、そのつどの状況に応じて優先関係をそのつど決断するほかはないのであろうか。言い換えれば、この場合においても、カントの定言命法の意図を汲むような対処法は不可能なのであろうか。例えば、病気が重大である場合には友人との約束よりも他人を助けることを優先させるという格率を普遍化可能な格率としてあらかじめ定めておくことができるとしたら、どうであろうか。つまり諸義務間の優先関係を、格率の普遍的法則性という定言命法の観点から決定する方法もありうるのではなかろうか。

もっともカントは、あくまでも義務一般に共通する普遍的原理の探求にことさら強い関心を向けるあまり、義務相互の葛藤に対しては主題的に論じているとは言いがたい。この点においてやはり義務間の衝突という事態は、カント倫理学に大きな問題を投げかけていると言えるであろう。ちなみに、道徳の原理として、カントのように定言命法の唯一性ではなく、複数の原則を立てるフランケナの倫理学もまた義務間の衝突という問題に直面せざるをえないことは前節で述べた通りである。

このように見てくると、義務間の衝突という問題は、実のところ、カント倫理学にかぎらず、規範主義的なあらゆる倫理学にとっての根本問題だと言えるであろう。

注

(1)　ちなみに、マックス・ヴェーバーは『職業としての政治』（岩波文庫、二〇〇七年、一〇三頁）において、「心情倫理学」と「責任倫理学」の関係に言及しつつ、内面性ばかりではなく、同時に結果に対する責任をも引き受けるような倫理の在り方を強調している。

（2）カントは「アプリオリな目的」として、具体的に「自己の完全性」と「他人の幸福」を挙げている。

（3）*Schillers Werke, Nationalausgabe*, Bd. 1 (*Gedichte in der Reihenfolge ihres Erscheinens 1776-1799*), 1992, Verlag Hermann Böhlaus Nachfolger, Weimar, S. 357 あるいは *Friedrich Schiller Sämtliche Werke*, Bd. 1 (*Gedichte/Dramen* I), 1958, Carl Hanser Verlag, München, S. 299f.

（4）カントは、道徳的格率の採択の動機として、「［道徳］法則に対する尊敬の感情」という独特の感情を認めている。この尊敬の感情は、喜びの感情のような経験的感情ではなく、あくまでも「法則」すなわち理性法則に関わるという非常に特殊な感情である。カントは尊敬の感情を動機として認めはするが、それは意志の規定根拠ではないと語っており、この意味においても「法則に対する尊敬の感情」は独特なものだと言えよう。

（5）カントはいわゆる「嘘論文」（岩波版カント全集第十三巻所収「人間愛からの嘘」）においては、逆のことを、つまりいかなる場合のいかなる人に対してであれ、嘘をつくべきではないと語っている。しかしながら嘘を禁じるカントのこの厳格な言葉をどのように解釈するかは見解の分かれるところである。この点について、次の論文を参照されたい。
谷田信一「カントの実質的義務論の枠組と「嘘」の問題」（晃洋書房、『現代カント研究2』所収、一九九七年）。

（6）M・シェーラー『倫理学における形式主義と実質的価値倫理学』（白水社、シェーラー著作集、第一巻、二〇〇〜二〇八頁）。

（7）W・K・フランケナ『倫理学』（培風館、一九八一年、七四〜八九頁）。

第十一章 『判断力批判』（一）——自然と自由の統一

一 『判断力批判』の根本課題

1 課題の提示

これまで論じてきたように、カントの三批判書のうち『純粋理性批判』は悟性の因果法則が現象としての感性的自然界を支配する原理であることを示し、他方『実践理性批判』は実践理性の道徳法則が現象界とは異なる超感性的な自由の世界の原理であることを明らかにした。ところが、これら二つの世界を可能にしている悟性法則と道徳法則は相互に還元不可能な独立の原理であり、そうであるかぎりこの二つの世界はたがいに独立な領域をなし、両世界のあいだには越えがたい大きな深淵が横たわっている。カントの表現によれば、「感性的なものとしての自然概念の領域と、超感性的なものとしての自由概念の領域とのあいだには、見渡しがたい裂け目が確立しており」（KU175）、両世界は「大きな裂け目によって……完全に分離されている」（KU195）。

ところがカントの「理性批判」はあくまでも理性の体系的統一を目指しており、そうであるかぎりこの裂け目を、すなわち現象的自然界と道徳的自由の世界の溝を埋めなければならず、かくしてここにこの深淵の架橋という問題がカント哲学の体系的問題として生じてこざるをえなくなる。この問題こそが第三批判書としての『判断力批判』に課せられた根本課題である。この課題は『純粋理性批判』と『実践理性批判』とのあいだの二元論的な溝を『判断力批判』において統一しようとする課題であり、またそれは、カントの批判主義すなわち人間の理性能力一般の批判という観点から言えば、理論理性と実践理性という理性の二元的分裂を、後述するような「反省的判断力」という第三の理性能力において克服しようとする課題である。

カントはこの課題に対してどのように答えようとしているのであろうか。またこの課題に対するカントの解答はどのような意味をもち、またどのような問題点を宿しているのであろうか。本章ではこれらの問題について考察することにしよう。

2　課題の一般的な重要性と困難さ

この課題は、カントの批判哲学の体系性にとっての根本問題であるのみならず、さらには近代哲学をも超えた哲学一般の普遍的課題にも通じる広がりをもっている。というのもこの課題は、古代ギリシア哲学以来の根本問題の一つである理論と実践の関係という問題にほかならないからである。

もしこの問題に対して哲学が、理論と実践を二元的に分離したままでそれらを相互に関連づけることができないとすれば、それはまた、人間や世界についての体系的統一をみずからの使命にしている哲学にとってのスキャンダルになるであろうし、また哲学としての不徹底の誹りを免れえないであろう。

あるいはまた、ことさら哲学的観点に立つことなくしてわれわれ人間の日常的現実の在り方を振り返って見た場合にも明らかなように、人間というものは、一方では、対象や他人や世界を認識するという理論的な活動をしているとともに、他方では、対象や他人や世界に行為的に働きかけたりそれらから働きかけられたりしながら実践的な活動を営んでおり、しかもこれらの理論的活動と実践的活動はあくまでも同一の人間における両面をなしているかぎりけっして分離されるべきものではないであろう。

たしかに、理論と実践の統一という問題は哲学にとっての根本問題であり、また事実的な人間の根本的在り方からしても必然的な問題なのではあるが、しかしそれにもかかわらず、この問題に対して哲学的観点から答えようとしたり、あるいは、人間存在におけるこの厳然たる事実をことさらに解明し説明しようとした途端に、この問題の困難さのゆえに途方に暮れてしまうのもまた紛れもない事実である。

西洋哲学史を繙いてみればわかるように、アリストテレスによる理論（テオーリア）と実践（プラクシス）という学問の分類以来今日にいたるまで、哲学者たちは、対象・他人・社会・自然・世界を認識したり経験したりする活動を「理論」という特定の観点から説明し、他方、対象・他人・社会・自然・世界に働きかけたり働きかけられたりすることを「実践」という、「理論」とは別の特定の観点から捉えようとしてきた。このように哲学史の教えるところによれば、同一の人間の営みにほかならないものを理論と実践という二つの領域に分けてそれらを別個に論じるのが通例になっている。

しかしながら、二元的に分けられてきた理論と実践を、両者の密接不可分性を踏まえながら体系的見地から調和的に統一しようとたえず努めてきたことも、これまた哲学史の確たる事実であり、その意味ではカントが『判断力批判』において自然と自由ないし理論理性と実践理性の統一の問題として提示したこの課題は、哲学にとっての永遠の課題に竿さすことにもなろう。こうして『判断力批判』におけるカントの試みは、哲学一般にとっての普遍的課題を彼自身の「理性の批判」という観点から引き受けようとする試みであることは疑いえない。それと同時にカントは、この課題の困難さを十分に自覚しており、それゆえ彼は、「自由概念は、自然の理論的認識に関しては何ものをも規定せず、同様にまた自然概念も、自由の実践的法則に関して何ものをも規定しない。そしてそのかぎりにおいては、一方の領域から他方の領域へと一つの橋を架けることは不可能である」（KU195）とさえ述べている。たしかに自然界がもしも悟性の因果法則によって規定されるものでしかないとするならば、すなわち、自然が機械論的自然でしかないとするならば、自然を自由と結びつける接点は不可能であろう。

それでは、この課題に対してカントはみずからの批判哲学の立場からどのように答えようとしているのであろうか。

二　自然の合目的性

1　自由から自然への道

自然と自由の統一という課題に対しては、少なくとも論理的には二つの方向からの解決の道が可能であろう。すなわち自然を自由に、あるいは理論理性を実践理性に優位させるか、それとも、自由を自然に、あるいは実践理性を理論理性に優位させるかの二つの方向性である。霊魂不滅や神の存在の問題に関して、本書第九章第四節で論じた「理論理性に対する実践理性の優位」というカントの考え方からもある程度は予想されるように、カントのとった立場はもちろん後者である。

前者は、悟性的な自然認識を徹底させることによって、自然必然性が自由までをも規定し、自由の領域を自然の領域に還元するという、自然主義的な自然認識一元論の立場である。とくに現代のように、自然科学的方法を、自然現象に限らず生命現象にも、そしてさらには人間の行為や心や社会事象にまで拡大して適用することによって、学問一般の方法論的一元論に向かう傾向の強い時代にあっては、悟性的な認識方法に基づいて自由の世界をも裁断し、自由の領域を科学的な自然必然性に還元しようとすることはきわめて有力な方法と言えるであろう。この立場は、自由を否定し、一切を科学的必然性に帰することによって自然と自由を統一するという方途である。

この観点から自然と自由の統一を図る場合には、たとえ人間が道徳法則の命令に従って自由に行為しているとしても、それは、全体やおのれの背後を知らない無知な人間の単なる思い込みでしかなく、根本において人間は自然必然性の一環として振る舞っているにすぎないと見なされることになる。いわゆる決定論者や運命論者のように、自由を否定し、一切を必然の定めと解することによって自由と必然の溝を埋めようとする人たちも基本的にはこの立場に含められよう。

しかしながらカント自身はこの方途を採らない。というのもカントは、人間理性の自律としての道徳の可能性こそが、したがってまた自由な行為における自己責任の可能性こそが、人間存在の根源的証しだと考えるからであり、しかもこのことを可能にする根拠こそが、自然必然性とは根本的に区別される自由概念にほかならないと見なすからである。自由がなければ道徳は滅びるというのがカントの基本思想であり、自由の概念は理性の「全構築物の要石」(AKV3)なのである。

したがって自然と自由の統一という課題に対してカントに許される道は、自然を基軸にしてそこから自由へ向かう道ではなく、自由から自然へ向かう道である。その道をまたカントは、自由が自然において自己の目的を実現する道だと考える。すなわち、自然概念の領域から自由概念の領域への移行が不可能であるにしても、「それにもかかわらず、後者の超感性的なものの世界は、前者の感性的なものの世界に影響を及ぼすべきである。すなわち自由概念はみずからの法則によって課せられた目的を感性界において実現すべきである」(KU176)。このような仕方で自然と自由の調和を図ろうとするのがこの課題に対するカントの基本姿勢である。

2　反省的判断力の原理としての自然の合目的性

ところでそれでは、自由を自然化するのではなく、自然のうちに自由の現実化を見出すという仕方において自然と自由を調和させる道とは内容的にはどのようなことを意味するのであろうか。言い換えれば、このような仕方で自然と自由のあいだの越えがたい深淵の媒介を可能にするものとは何であろうか。

この問いに対してカントが提示した解答が「自然の合目的性」という原理であり、またこの原理を自分固有のアプリオリな原理とするのが「反省的判断力」という能力である。ちなみに、『判断力批判』という書名における「判断力」とは、二種類の判断力のうちの規定的判断力ではなく反省的判断力のことを意味しており、カントはそれを、認識能力としての悟性や理論理性、および欲求能力としての実践理性と並ぶ第三の基本的能力として位置づけている(1)。

3　悟性の立場

悟性の立場からすれば、自然現象がすべて悟性の因果必然的法則に従って認識されるかぎり、自然は機械論的な存在でしかない。したがってこの場合には、例えば、中世哲学での物体観のように物体それ自体のうちに霊的な「実体形相」を想定し、その霊魂のもつ目的志向という観点から自然現象を目的論的に捉えるような立場は許されるべくもない。カントにおける悟性の立場とは、近代の数学的自然科学の基礎づけを目指したものであり、物体現象を、物体に内在すると想定される生気論的原理によってではなく、物体相互の外的関係から物理数学的に説明しようとする立場である。

悟性の「因果性の原則」は、自然現象を合法則的な仕方で、すなわち現象を悟性法則のもとに包摂する仕方で認識するための可能性の条件であり、それゆえそのようにして認識される自然とは機械論的で形式的な自然なのである。悟性は、自然のうちにいかなる主観的な解釈や意図や目的意識などを介在させることなく、客観的に自然を探求するための能力である。カントによれば、近代自然科学はこのような悟性の原則に基づくことによって自然のさまざまな客観的法則を見出してゆく学問である。それゆえまた悟性によって認識されるかぎりでの自然とは、空間時間において数学的計量化が可能な存在であり、またそのかぎりにおいて色も味も臭いもない抽象化された形式的自然だということになる。悟性的自然と自由概念とはいわば水と油であり、両者のあいだに橋を架けることなどはほとんど不可能だと言わざるをえない。

4　自然の多様性・異種性・偶然性

ところが、自然とは悟性の法則によって機械論的かつ一義的に認識されるだけの存在ではない。いやそれどころか自然とは、元来、多様性と異種性に富む存在であり、悟性の客観的法則によってその多様性や差異性が一様に平準化されたり捨象されたりできないような側面を豊富に示している。通常われわれが自然の神秘とか自然の不可思議さあるいは自然の驚異などという言葉で表現しようとする自然もまた、そのような意味での自然であろう。カントは、後述するように、自然の美しさとか、生物体の内的な構造や機能における全体と部分の調和的関係などのうちに、悟性の「因果性の原則」によっては捉えることのできない自然を見届け、それらを、悟性のアプリオリな普遍的法則に必然的に従う自然とは区別して、特殊な「経験的諸法則に従う自然」と呼んでいる。このような多様性と異種性に満ちた自然はまた、悟性の必然的法則に従属しないものであるかぎり、悟性にとっては偶然的なものと映じることになる。

5　偶然の救済としての判断

それでは、悟性の合法則性のもとに必然的に取り込むことのできない偶然的な自然は偶然のままに放置され、したがってまた特殊な「経験的諸法則に従う自然」はそのつど当てずっぽうでかつ盲目的な理解にさらされたままにならざるをえないのであろうか。別な言い方をすれば、われわれ人間はこのような偶然性と差異性に満ちた自然に直面して、それを何らかの意味での普遍の中で捉え直そうとはせずに、たんに偶然のままにしておくことに耐えられるのであろうか。

この問いに対して、あくまでも人間理性に信頼を寄せる哲学者カントは明確に否と答える。というのも特殊的で偶然的なものに人間が出会うということは、そのものをたんに純粋に受動的に受け入れることではなく、その特殊について経験することなのであり、しかも経験するとはカントにとっては判断することを意味するからである。つまり判断するとは、或る特殊を偶然性のままに放置せずに何らかの普遍的連関のもとに包摂し、その特殊を或る普遍のもとに置くことにほかならないからである。純粋に偶然な特殊とはいかなる普遍的連関にも組み込まれない在り方を意味するのだが、経験し判断する人間理性は、判断することなくして対象に出会うことなどはありえないというのがカント哲学の根本姿勢である。カントにとって人間とは、述定的であれ前述定的であれ、根源的に判断する存在であるかぎり、出会われるものが純粋偶然のままに、すなわち判断されることのないままに放置されることなどはありえないのである。[2]

6　自然の合目的性

悟性の因果性の原則によっては認識されず、したがって悟性にとっては偶然的と映じる特殊的自然に関して、それを或る体系的普遍的連関にもたらそうとする能力が反省的判断力にほかならない。つまりわれわれ人間には反省的判断力の「自然の合目的性」という原理がアプリオリに備わっているからこそ、純粋偶然は存在せず、一見したところ偶然的だと見えるものもその偶然性から救い出されうるのである。

「自然の合目的性」という原理は、たしかに自然を客観的かつ必然的に認識する「構成的原理」ではないが、しかしそれがなければ偶然性のままに取り残される特殊な自然を主観的観点からあたかもその自然が体系的な脈絡の中に位置づけられうるかのように判断しようとする「統制的原理」である。言い換えれば、「自然の合目的性」の原理は、悟性にとって偶然的と映じる自然をその偶然性から救い出すためにあたかも自然の根底に「超感性的基体」が存在するかのように想定し、感性界における偶然的存在を超感性的基体の目的の現われとして見なす原理なのである。こうして「自然の合目的性」の原理は超感性的な自由の領域と感性的な自然の領域を媒介し、両者を統一する主観的で統制的な原理たりうるのである。

さらに言うならば、自然の根底に存すると仮定される超感性的なものの目的ないし意図に従って自然が存在しているとするならば、悟性の因果法則によって認識される機械論的自然の根底にさえも目的が潜んでいるのであろうか。もしそうであるならば、自然の機械論は自然の目的論に従属することになり、自然概念の領域が自由概念に従属するという仕方で両者が統一されることになるであろう。

カントによれば、悟性によって必然的連関に組み込むことのできないような特殊で偶然的な自然に対して、それを、統制的に全体的経験の脈絡に位置づけようとする主観的な原理として、人間は古来から、例えば、「自然は最短距離の道をとる（節約の法則）」とか「自然はいかなる飛躍もしない（連続の法則）」とか「経験的諸法則の多様性は少数の原理のもとで統一される（単純性の原理）」（KU182）などの統制的原理ないし理念を利用してきた。これらの原理（理念）は、なるほど、自然を必然的に認識する客観的原理ではないにしても、しかしながら悟性的認識さえもが向かうべき方向性を導く統制的理念であることによって、同時に、悟性的認識に包摂しえない偶然的自然を救い出す理念でもあったわけである。

かくして反省的判断力の原理としての「自然の合目的性」とは、悟性の合法則性によっては取り込めない偶然的なものがあたかも自然の根底に存する超感性的なものの目的に適うものであるかのように理解することによって、それを偶然性から救い出すとともに、自由の超感性的領域と自然の感性的領域を媒介する原理なのである。

三　批判的検討

1　カントの消極性

本節では自然と自由の統一という課題に対して、「自然の合目的性」という反省的判断力の原理に基づいて答えようとするカントの立場について、その意義および問題点について検討してみることにしよう。

カントは自然概念の理論的領域と自由概念の実践的領域という二つの領域を支配する原理をそれぞれ悟性の合法則性と実践理性の道徳法則に求めているが、カントによればこれら両原理はともに客観的で構成的な原理である。すなわち悟性の合法則性は、自然に対して因果法則を指定することによって自然をその因果法則に必然的に従属させる原理であり、そしてまたこれによって自然は、自然それ自体としてではなく、悟性によって構成されるかぎりでの客観として定立されることになる。他方、自由の道徳法則は、本書第九章で見たように、行為の主観的格率を普遍的法則性に従属させることによって行為の道徳性を保証する原理であり、そしてこれによって感性界とは独立な自由の世界すなわち「諸目的の国」が構成されることになる。このようにして二つの世界はそれぞれが悟性ないし実践理性によって必然的法則のもとに置かれることになる。

ところがそれに対して、これら二つの領域を統一する自然の合目的性の原理は、いかなる固有の領域をも構成する原理ではなく、むしろ自由領域から自然領域への「移行」（KU176）の原理として、反省的判断力の主観的で統制的な原理にすぎない。しかも合目的性の原理が構成的原理ではなく統制的原理だということは、カント自身が自然と自由の客観的統一を断念したということを意味している。もしもカントが合目的性の原理を構成的原理と見なしたならば、彼は自然領域と自由領域のあいだにあって、しかもそれら両領域を可能にするような根源的領域ないし根源的一者を定立しなければならなかったはずである。しかしながらカントは、そのような根源的存在者の定立は、主観的かつ統制的にのみ使用されるべき合目的性の原理を独断的に使用する誤りだとして退けたのである。すなわち自然の合目的性は、自然があたかも超感性的基体の目的に従って作り出されたかのように自然を判定するにすぎない原理なのであって、けっして、超感性的基体が自然の根底に現実的に存在し、その基体の目的に従って自然が実際に作られたと主張するような原理ではない。

反省的判断力は「自然に法則を与えるのではなく、自分自身にだけ法則を与えるのである」（KU180）とか、あるいは、「われわれが目的因を諸物の内へ置き入れる（hineinlegen）のであって、目的因をいわば諸物の知覚から取り出すのではない」（AK XX 220 Anm.）とカントが語るとき、彼は合目的性の原理が反省的判断力の主観的原理にすぎないことを自覚していた。そしてまたこのことは裏を返せば、理論領域と実践領域のそれぞれが、合目的性の原理によって統一される以前にすでに、客観的には別個の領域として存立していることをカント自身が認めていることの証拠であり、このような二元論を前提にしたうえでカントは、かろうじて主観的な仕方で、つまりは「あたかも〜のように」という統制的な仕方でこれら二つの領域を統一しようとしたにすぎない。

前節で見たように、悟性の法則によっては認識できない偶然的なものを合目的性の原理によって救い出そうとすることもまた、逆に見れば、カント自身が、自然探求は基本的にはあくまでも悟性の立場からなされるべきであり、ただ悟性の原則が適用できないような事例に限ってのみ合目的性の原理が用いられるべきである、と考えていたと解せるであろう。つまり合目的性の原理は自然探求にとっての二次的な原理にすぎないことをカントは暗に認めていたのである。

かくして自然と自由の統一という課題に与えたカントの解答は、消極的なものにとどまっていたと解さざるをえない。

2　新たな問題提示

カントにとっては自然の領域と自由の領域は、客観的には、つまり積極的には、いかにしても統一しえない相互に独立な二元的領域なのである。言い換えればカントは『判断力批判』において自然と自由の調和を目指しながらも、根本においては、自然と自由を、そして理論理性と実践理性を峻別しようとする二元論者なのである。そうであるからこそカントは、両者の統一の問題に対しては消極的にしか答えられなかったのである。

それではなぜカントは、自然と自由の統一という課題に対して消極的な解答しか与えることができなかったのであろうか。それはとりもなおさず、この課題に積極的に答えるためには自然領域と自由領域の根底に超感性的基体を客観的根拠として定立しなければならず、ところがそうすれば、人間の有限理性の立場に立脚して「理性批判」を遂行するという批判主義が不可能になり、批判的に克服したはずの独断的形而上学に自分自身がふたたび陥ってしまう、とカントには思われたからである。

しかしながら、はたしてカントのこの危惧は十分に正当なものなのであろうか。別言すれば、独断論に陥ることなしに自然と自由を積極的な仕方で統一することは不可能なことなのであろうか。またわれわれはカントの解決の仕方に関して十分に納得することができるのであろうか。

というのも、カントのこのような解決の仕方は依然として、自由とは独立な自然の領域と、自然とは独立な自由の領域とを並存させたままであり、そのかぎりにおいて自然の領域と自由の領域は架橋しえない二元的領域として残されたままだからである。カントの解決は、感性界と自由の世界という根源的に二元的な世界のうえに、ないしその中間に、二次的・派生的な世界として自然の合目的性という第三の世界をあらたに付け加えたにすぎないのである。

それではそもそも、自然と自由の統一という課題に対する積極的な解決がありうるのであろうか。またあるとすればそれはいかなるものなのであろうか。

3　積極的な解決の可能性

もちろんこのような問題の提示の仕方それ自体がすでに、カント哲学の立場を踏み越えてしまうおそれがあることは、今までの議論から明らかであろう。したがってまた、この問題の詳しい考察は本章の論述の範囲を超えてしまうことにもなるのだが、しかしながらこの問題は、筆者にとっては、哲学的に非常に重要な問題だと思われる。というのもこの問題は、本書のテーマの一つでもある〈近代哲学の射程〉という問題と密接に関わっているからであり、そしてまたカントの立場を踏み越えるということは、けっしてカントを否定することではなく、むしろカントをよりよく理解することにもつながると思われるからであり[3]、それによってまた近代哲学の再構築のための視点をカント自身のうちに見出し、カントを現代に生かすことにもつながるからである。このような見通しのもとに、この問題についてもう少し立ち止まって考えてみることにしよう。

さて、自然と自由を積極的に統一するためには、自然と自由を、それぞれが独自の立法をもつ領域として前提するようなカント的な道によってではない仕方で、つまりは、カント哲学をカントがなした以上に展開する仕方で、自然と自由の統一という問題をあらたに構築し直すほかにないと思われる。というのも、まず、自由概念の領域と自然概念の領域がそれぞれ独立な領域としてあらかじめ存立していて、次に、独立な二つの領域をカントが行ったように後から架橋しようとするならば、実のところ、これら二つの領域を媒介するという問題そのものが、そもそものはじめから問題として意味をなさないことになってしまうからである。したがってむしろ、二つの領域の架橋という問題を有意味な問いとしてあらたに再構築するためには、自然領域と自由領域があらかじめ相互に独立に存立しているという考え方そのものを問い直さなければならない。

そして筆者の見るところ、この方法には少なくとも次の二つの道が考えられる。

一方は、フィヒテ、シェリング、ヘーゲルなど、カントに続くドイツ観念論者たちが歩んだ道であり、それは、カント哲学の残した理論理性と実践理性の二元論という問題に対して、それら両理性の根底に根源的な一者を措定し、そうすることによって理論と実践の二元性を、その根源的存在者の派生態と見なす立場である。他方は、ドイツ観念論のように、有限理性を超越する無限的存在者ないし絶対者の立場から自然と自由の統一を説くのではなく、カント哲学の基本精神である有限性という立場をあくまでも堅持しながら、なおかつ、自然と自由の統一を図るために、自然概念および自由概念のそれぞれの意味を再構築しようとする道であり、そしてこの道はまた、現代哲学に通じている道でもある。

4　ドイツ観念論

まず、ドイツ観念論について簡単に見てみよう。

カント哲学、とくにその実践哲学から強い影響を受けながらも、カントの批判哲学のうちに体系的不徹底性を看取したフィヒテによれば、カントは、理論理性と実践理性をそれぞれ別々に吟味するのみであって、両理性を体系的に統一することを怠った。つまりカントは「全哲学の基礎」をどこにも取り扱わず、『純粋理性批判』においてはたんに理論理性だけを、そして『実践理性批判』においてはたんに実践理性だけを扱ったにすぎない。カントの批判哲学は、理論理性を自然必然的な感性界に制限し、それによって実践理性を道徳的自由の叡智界の原理として可能ならしめたのであるが、それに対してフィヒテの「知識学」は、理論的自我（理論理性）と実践的自我（実践理性）の体系的統一を目指すことによって「全哲学の基礎」を打ち立てようとする。というのもこれら二つの自我は自我という点で同一のものであるかぎり、すべての哲学の第一原理もまた存すると考え、フィヒテはその第一原理を絶対的自我の純粋な活動としての「事行（Tathandlung）」に求めたのである。[4]

またシェリングは、その前期の哲学において、カントの『判断力批判』に導かれながら、自然と精神の根源としての絶対者そのものへと洞察を深め、その絶対者を、主観的なもの（精神）と客観的なもの（自然）の完全な無差別としての絶対的同一性と見なし、それをまた「絶対的理性」とも呼んでみずからの「同一哲学」の原理に据えている。[5]ヘーゲルの哲学の主題も、前期シェリングと同様に、主観と客観の統一である絶対者ないし神であるが、彼はこの絶対者の在り方およびそれの把握の仕方について独自の「弁証法」を展開し、それによってカント的な理論と実践の二元性を絶対者の観点から止揚しようとした。

しかしながら、以上のようなドイツ観念論の道は無限的絶対者を認めることによって、カントが批判主義の立場からすでに克服した独断的形而上学にふたたび陥る危険性をもっており、その点において問題をはらむと言わざるをえない。

5　自由概念と自然概念の再検討

それでは、あくまでもカントの批判主義の精神、あるいは人間の有限性の立場に踏みとどまりながら、なおかつ自然と自由の二元論に陥ることなく両者を統一する道がありうるのであろうか。この問題を引き受けることが、ドイツ観念論をも含めたデカルト以来の近代哲学を超えて現代哲学に通じる道なのであり、その意味においてこの課題に答えるためには本書とは別に現代哲学についてのもう一つの著作が必要になろう。ここでは簡単にその見通しだけを述べるにとどめておこう。ちなみにこの問題に関しては、本書の第十四章においてより詳しく考察するつもりである。

さて、カントが二元論に陥らざるをえなかったのは、何度も述べているように、自然領域と自由領域が、悟性の原理と実践理性の原理という相互に独立な原理から構成されるからにほかならない。ということはまた二元論の克服の道は、自然概念および自由概念のそれぞれに関して、それらを再構築するという道だと思われる。

　まず、自然概念に関して言えば、カントの言うように、悟性の法則に従って構成される因果必然的な自然は、はたして自然の固有で根源的な在り方なのであろうか。むしろそのような自然は、本来の自然の在り方を理念化・抽象化することによって構成されたものにすぎないのではないのだろうか。さらには、本来の自然とは、カント的な自由概念ではないにしても、何らかの意味において自由を宿すような自然なのではないのかどうか、等々の問題をあらためて再検討してみることがぜひとも必要である。次章で述べるように、カントは自然美を自由の象徴ないし表現と見なし、また生命体の構造や機能のうちに目的性を見届けているのだが、このように自然とは、元来、機械論的な単一の視点からのみ認識されうるものではなく、さまざまな観点から、例えば、美的観点のみならず、生命論的観点やさらには生態論的観点とか倫理学的観点、いやそれどころか、ソクラテス以前の古代ギリシアにおける、あらゆる学以前の自然の観方などをも含めてのさまざまな観点から捉えられるべきものであろう。この意味においては、数学的自然科学の観点から認識される近代の機械論的自然観を相対化してみることが何よりも肝心なことであると思われる。カント自身も、美的自然や有機的自然の考察において機械論的自然観を相対化する視点を提供してはいるものの、それにもかかわらずカントは、悟性的自然を独立の領域として認めることに固執したために、自然の多様性や異種性や偶然性を本来の自然概念の中に十分に取り入れることができなかったのである。

　他方、自由概念に関して言えば、道徳法則以外の何ものにも拘束されない絶対的自由というカントの自由概念が、はたして、有限性の立場に立つ批判主義にとってはどのように位置づけられるべきものなのかどうか、あるいは、絶対的自由としての自律の自由は、たんに理念化・抽象化されて派生してきた自由概念にすぎず、有限的人間にとっての本来の自由とは、絶対的自由などではなく、つねにすでに歴史や状況に投げ出されているという意味において受動性を宿す自由なのではないのかどうか、等々の問題について、あらためて再検討してみる必要がある。つまり神ならぬ人間の自由とは、束縛のない絶対的自発性ではなく、しかしそうかといってもちろん物質のような絶対的受動性でもなく、むしろ、自発的であると同時に受動的でもある自由なのであり、そしてこのような自由概念こそが人間にとっての根源的自由なのではないのだろうか。カントの自由概念は、この意味での根源的な自由概念から受動性の契機を捨象して、自発性の契機のみをことさら抽象化・理念化することによって構成された派生的な自由概念なのではないのだろうか。

以上のように、カントは自然概念と自由概念とをあまりにも抽象的に理念化して捉えることによって、二つの領域を厳格に区別することができたのであるが、しかしそれがためにかえって、両者のあいだの架橋という課題に対しては積極的に答えることができなかった。厳密に因果必然的な自然概念が多様性と異種性に富む自然概念の抽象化であることと、道徳法則に従う自律としての自由概念が受動的自発性としての根源的な自由概念の抽象化であることとは、表裏をなしていると言えよう。あらかじめ原理的に区別しておいた自然概念と自由概念とをあとから調和統一させようという問題の設定の仕方そのものが大いに問題なのである。そのような問題設定の再考の手がかりとなるのが、悟性的な自然概念の根底にあるとわれわれが考える反省的判断力における自然概念と、絶対的自発性としての自由概念の根底にあるとわれわれが考える受動的自発性としての自由概念である。このように、カントの自然概念と自由概念のそれぞれについて根本的に再吟味することが、自然と自由の統一という課題に対する新たな道を模索することにつながるであろう。

注

（1）反省的判断力および規定的判断力の詳しい内容については、本書第十四章の主題と密接に関連するので、そちらを参照していただきたい。

（2）はたして対象との出会いのすべてが判断することなのかどうかという問題は、実のところ、哲学的に大いに議論の余地のある問題である。述定的判断に先立つ前述定的な知覚や無意識を強調する現代の哲学者の立場からすれば、カントの理性主義は批判の的となろう。特殊と普遍、偶然と必然の関係の理解の仕方如何は哲学の基本的姿勢を左右する根本問題である。なおカントの判断論における特殊と普遍の関係については、本書第十四章第二・三節を参照。

（3）　ここで人は、十九世紀後半の新カント学派の重鎮ヴィンデルバントの有名な言葉、すなわち、「カントを理解することはカントを超えることである」（W. Windelband, Vorwort zur ersten Auflage in *Präludien, Aufsätze und Reden zur Philosophie und ihrer Geschichte*, 2Bde., 1884, 7. und 8. Aufl., 1921）という言葉を想起するかもしれない。

（4）　『フィヒテ全集』第四巻（哲書房、一九九七年）所収の『全知識学の基礎』を参照。

（5）　『シェリング著作集』第三巻（燈影舎、二〇〇六年）所収の『私の哲学体系の叙述』を参照。

第十二章　『判断力批判』（二）――美の分析論

一　美・崇高・有機体

1　はじめに

前章で見てきたように、カントは自然の合目的性という反省的判断力の原理に基づいて、あたかも自然のうちに目的が存するかのように自然を反省することによって、自然領域と自由領域の統一という『判断力批判』の、ひいては批判哲学全体の根本課題に答えている。本章では、自然の合目的性が自然の対象においていかにして経験されるのかをさまざまな自然事象に即しながら具体的に見てみることにしよう。

『判断力批判』の本論は、自然についての反省の能力である反省的判断力を二種類に分け、自然における美しいものや崇高なものに関わる第一部の「美感的判断力の批判」と、有機体について論じる第二部の「目的論的判断力の批判」の二部構成になっている。第一部では、美しいものや崇高なものと人間主観の感受性とのあいだに生じる「快の感情」に基づく「美感的判断」とそこでの主観的合目的性が考察の主題になっており、第二部では、有機体の内部の構造や機能についての「目的論的判断」とそこでの客観的合目的性が議論の中心になっている。

美感的判断は、自然の或る対象を美しいと判定する「趣味判断」と崇高に関わる判断の二種類に区別される。ちなみに趣味（Geschmack, taste）という言葉は現代においてはもっぱら個々人の主観的な好みを意味するが、十八世紀のドイツにおいては、趣味とは一般的に「美しいものの判定の能力」（KU203Anm.）として定義されている。後述するように「或る対象は美しい」と判定する趣味判断は、カントによれば、「この葡萄酒は美味しい」というように個々人の嗜好に関わりしたがって私的妥当性しかもたない感官判断ではなく、自分の下した判断に対してすべての人の賛同を要求しうる普遍妥当性をもつ判断だと見なされている。それゆえにまた趣味判断は、普遍妥当的なさまざまな判断一般の可能性のアプリオリな条件の探究を目指すカントの「理性批判」の対象にもなりうる判断なのである。

2　美

野に咲く一輪のバラの花や宙を舞う白鳥の形姿を見たり、あるいは一定のテーマをもたない幻想的な音楽を聴いたりするとき、それを美しいと感じるのは誰しもが経験するところであるが、カントによれば、このときにはすでに快の感情が生じているとともに「このバラの花は美しい」とか「この曲は美しい」という趣味判断が成立している。自然の美の判定に伴う快の感情は欲望の充足の際の快適さ（Annehmlichkeit）の感情とは区別される。それというのも美の判定の際には当の対象をわがものにしようという「関心」などはいっさい混入されておらず、ただ「静観的に」対象に臨んでいるからである。

それではなぜ自然の対象が美しいと感じられ、またそのように判断されるのであろうか。カントによればそれは、対象の形式、例えばバラの花や白鳥の形姿の形式を機縁として主観のうちに快の感情が生じ、それが主観の生命感情を活気づけるからなのであるが、そのことはまた対象の形式が対象を受容する主観の認識能力にとって「合目的的」と判断されるからである。すなわち「主観の諸認識力〔構想力と悟性〕の戯れにおけるたんに形式的な合目的性の意識」（KU222）が美しいものでの快の感情にほかならず、それによって趣味判断が下されるのである。

3　崇　高

『判断力批判』第一部において、美についての趣味判断と同様に美感的判断に含められ、それゆえまた感覚的な快適さや道徳的感情とは異なって、反省的判断力に独特な快の感情に関わる崇高なものについての判断とはどのような特徴をもつのであろうか。

美しいと判断される対象の形式は直観的に把握可能な「限定」された形式をもち、それゆえ直観の能力としての構想力は、美の判定の場合には、概念の能力としての悟性と調和的に関係するのであるが、それに対して、例えば巨大なピラミッドや怒濤逆巻く大洋や力強い瀑布のような対象に直面して抱かれるのが、崇高の感情である。この感情は、構想力が、悟性という限定する能力ではなく、無限定な理念の能力としての理性と関係することによって生じるのである。美は「悟性概念の描出」であるのに対して、崇高は「理性概念の描出」（KU244）だと言われる所以である。

美は、生の促進の感情を直接的に惹き起こし、それゆえ主観にとって合目的的なものとして判定されるのだが、崇高は、数学的な規模の大きさや力学的に圧倒する力強さによって構想力の描出能力を超えてしまい、そのために崇高においては、生命力が瞬間的に阻止される不快を感じる。そのかぎりでは崇高なものは合目的的ではなくむしろ反目的的ではあるが、しかしながらその一時的な抑圧によってかえってよりいっそう漲る生命力の感情が噴出し、より高次の合目的性がもたらされる。美は、心の「平静な静観」のゆえに「魅力」的なものであるのに対して、崇高は、「心の動揺」（KU247）を伴いながらも「讃嘆や尊敬」（KU245）の感情を誘う。

美と崇高のあいだにはこのような相違があるのだが、しかし両者の根本的相違は次の点にこそ存している。すなわち美の場合には、自然の対象そのものが美しいと判断されるのに対して、崇高の場合には、例えば暴風雨によって逆巻く大海原それ自体が崇高だと判断されるわけではない。つまり自然の対象そのものが崇高なのではなく、自然の対象はむしろ、悟性的思考によってはとうてい気づきえなかった主観の内なる理性の諸理念を描出する単なるきっかけとして役立つにすぎない。その意味において崇高の感情は、対象の内にその根拠を有するのではなく、主観に内在する理性そのものの崇高さに由来すると言える。

　ところで以上のように、崇高についての判断は、趣味判断のように構想力と悟性の自由な戯れに基づくのではなく、悟性を超え出るもの、ないし悟性の背後にあるものに関わっている。悟性の立場が、本書第十一章で触れたように、近代の自然科学的な知の枠組の基礎づけに関わるのに対して、「理性概念の描出」に関わる崇高論は、デカルト以後の近代哲学を超え出て、近代知の枠組そのものをあらためて捉え直す一つの視座を暗示している。言い換えれば、崇高という感情は、われわれの日常生活での常識（すなわち人間悟性 Menschenverstand）では忘れられがちな感情だと言えるであろう。それは近代人の概念枠組の外ないし底にあるものを示唆している。近代人は、悟性的に把握しうるものつまり概念的に判断できるもののみに有意味性を見届けて、しかもそのような悟性的意味こそがまた存在の証しだという存在観を抱きがちである。崇高からの逃避、それが近代人の特徴であり、それゆえに崇高は、悟性的な近代人にとっては他なるものであり異質なものだとも言えよう。

4　有機体

『判断力批判』第二部は、美や崇高のように主観の感情との関連から自然の「主観的な合目的性」を論じるのではなく、有機体を議論の俎上に載せながら有機体それ自身のもつ内的構造や機能に着目し、そこに機械論では捉えがたい目的性を見出し、それによって自然の「客観的合目的性」を明らかにしている。

　有機体の典型である生物は、単なる死せる物体とは異なり、例えば、外部から物質や食物を摂取してそれらを全体へと同化しながら、みずから自発的に器官や組織を形成することによって成長を繰り返し（自己形成）、また細菌などの侵入から自己を防御したり、損傷を自己修復したりしながら体内を自己制御して均衡状態を維持し（自己保存）、さらには自己と同一種の他の個体を産出することによって種の保存をする（自己増殖）、というように、物体とは異質な特有の現象を呈する。カントにとってはこれらの現象が、悟性の「因果性の法則」によっては認識されえない偶然的で特異な自然現象と思われた。

> たぶんいつかはニュートンのような人物［自然科学者］が現れて、一本の草の茎の産出だけでも、意図によって秩序づけられたのではない［機械論的］自然法則によって理解させてくれることを予測したり希望したりすることだけでも、人間には不合理なことなのであるから、むしろこうした考えは絶対に否定されなければならない。（KU400）

このようにカントは、有機的現象を機械論的法則によって認識するのは困難だと考え、有機体を、そのうちに目的を有するかのような自己目的的な個体という意味で「自然目的（Naturzweck）」（KU370）と呼び、そこに見られる偶然的現象を、悟性の合法則性の原理によってではなく、反省的判断力の「自然の合目的性」の原理に基づいて目的論的に判断しうると見なしている。

カントは自然産物としての有機体を、悟性の必然的法則に従う物体的自然や、あるいはまた、目的因が産物自身の内にではなく産物の外部にいる作り手の内に存する人工的な技術産物からも区別する。有機体について考察するカントの方法論に関して留意すべきことは次のことである。すなわち判定者は、有機体がそれ自体の内に目的をもつ産物だと素朴に前提したうえでその目的を経験的に描出するのではなく、むしろ判定者は、有機体という自然を反省する際に、合目的性という反省的判断力自身のアプリオリな原理に基づいて、あたかも有機体が自己目的的存在者であるかのように、判定する主観の側から有機的客観のうちへと目的概念を投げ入れている、ということである。この意味においては有機体に対するカントの目的論的考察態度は、悟性の法則を自然のうちへと投げ入れることによって自然を認識するという機械論的態度と同様であり、あくまでも近代に特有な主観主義的な「思考法の革命」（BXIII）に基づいているのである。[1] 自然自体が目的を有すると考えるアリストテレス・スコラ的な自然考察とカントの近代的な自然考察とは、方法論的に相違しているのである。

5　趣味判断の優位性

『判断力批判』の全体にわたって反省的判断力の「自然の合目的性」の原理をその具体的な様相において概観してきたが、カントは、この原理に基づくことによって悟性的認識にとっては偶然的と映じる特殊的で経験的な自然を、すなわち美的なものや崇高なものや有機体を、偶然のままに放置することなくあくまでも理性の体系的連関に組み入れようとしている。

ところが、カントは上記の三種の判断をたんに相互に並存するものと見なしているのではなく、それらのうちでとくに美についての趣味判断を、反省的判断力の自然の合目的性という原理がもっとも固有な仕方で働いている判断だと考えている。つまり趣味判断こそが、自然に対する反省の根底にアプリオリに置かれる原理を含んでいるのである。

有機体についての目的論的判断は、たしかに悟性の因果必然的な合法則性の原理によっては説明がつかない有機体の内部の構造や機能を、反省的判断力の合目的性の原理によってその偶然性から救い出そうとするのではあるが、しかしながらその判断は、けっして快の感情に基づく判断ではなく、むしろ、例えば、精巧な時計における部品と全体の相互関係についての判定と類比的に、有機体内部の部分と全体の関係についての判断なのである。つまり目的論的判断は、目的と手段の客観的関係という技術的実践的理性の原理と類比的な仕方で自然産物を判断していると言えよう。

もっとも、時計のような技術の産物はその目的なり意図なりを産物の外部の人間理性の「実践的合目的性」（KU181）のうちにもっているのに対して、有機体における合目的性は、自然を反省するための反省的判断力の原理として、自然があたかも目的をもってその産物を生産したかのように判断するための原理である。その意味では、技術産物と自然産物とのあいだには実践的理性と反省的判断力の相違が存している。

とはいえ目的論的判断において働く反省的判断力は、けっして快の感情に基づくものではなく、目的と手段という客観的概念に基づいており、それゆえカントはその判断力を、「美感的な反省的判断力」から区別して「論理的な反省的判断力」（AKXX235）と呼んでいる。

他方、崇高なものについての判断は、趣味判断と同様に、たしかに快の感情に関わる反省的判断であり、けっして概念に基づく客観的な認識判断でも、味覚や嗜好のような感覚的な感官判断でも、さらには有機体についての目的論的判断でもない。

しかしながらまたカントは、崇高なものの理論は「自然の合目的性の美感的判定に添えられた単なる付録にすぎない」（KU246）とか、「自然の崇高なものの概念は、自然の美しいものの概念よりはるかに重要ではなく、それほど豊富な諸帰結をもたらさない」（KU246）と語ることによって、『判断力批判』においては崇高よりも美を重要視している。

なぜならばカントによれば、美しいのは自然の対象の形式（例えば砂丘の幾何学模様とか均整のとれた花弁）であるのに対して、崇高なのは、荒れ狂う大洋そのものではなく、そのような自然を一つの誘因としながら呼び覚まされるわれわれ人間の内なる理性的精神、すなわち道徳的理性だからである。つまり崇高は、本来、自然の合目的性の原理をおのれ固有の原理とする反省的判断力に帰せられるべきものではなく、むしろ、道徳法則を立法する実践理性にこそ帰せられるものなのである。その意味において崇高なものは「自然の技巧」（KU246）によるものではない。カントが崇高論を「単なる付録」と呼ぶのは、『判断力批判』という書物にとってはあくまでも反省的判断力の自然の合目的性の原理こそが主題だからである。

しかしながら、崇高なものが、自然における数学的な巨大さや圧倒するほどの力学的な強さをきっかけとしてわれわれの内なる理性的なものをより直接的に指示するものだというカントの崇高論の分析は、近代自然科学の悟性的な知の枠組を超え出るものを暗示している点において、近代哲学全体を反省するという問題意識からすれば非常に重要な手がかりとなるであろう。

以上のことを踏まえながら、次節においては『判断力批判』の眼目である趣味判断についてさらに詳細に考察することにしよう。

二　美の分析論

1　はじめに

自然の或る対象を美しいと判断するとはどういうことなのであろうか。既述のように、カントは「或るものは美しい」という判断を趣味判断と呼ぶが、趣味判断の本質的性格とは何であろうか。カントは『判断力批判』の本論の最初に「美しいものの分析論」と題した章をもうけ、美についての判断の本質についていわば現象学的記述を行っている。その記述を彼は『純粋理性批判』において取り上げた判断形式の四分類（判断の①質②量③関係④様相）のおのおのに応じた観点から展開している。

或るものが美しいと判定するときには、まず第一の「質」の観点から見れば、美しいものにおいて感じる快の適意は当の対象に対する一切の関心から自由（無関心性）だという特徴をもっている。第二の「量」の観点からすれば、趣味判断における快の感情は、けっして個人的な妥当性しかもたない私的感情でもなければ、悟性のカテゴリーに必然的に規定される認識判断のように客観的に普遍妥当するものでもなく、主観に関わるものでありながら同時に美しいという私の判断に対してほかのすべての人々の賛同を要求しうるという特異な性格をもつ感情である。この意味において趣味判断は「主観的普遍妥当性」（KU215）をもつのである。第三の「関係」の観点から見れば、趣味判断においては、実質的な目的や一定の概念に基づくことなしに美しいもので適意を感じ、それゆえ趣味判断は、特定の目的や実質なしの形式的な合目的性を有する判断である。第四の「様相」の観点から言えば、趣味判断は、それに万人が同意すべきであるという「必然性」（KU236）を伴うが、この必然性は、けっして理論的認識判断のもつ客観的必然性でもなければ、道徳法則によって規定される意志の実践的必然性でもなく、「共通感覚」（KU238）ないし「共同体的感情」（KU239）に基づく主観的必然性である。

以下においては、趣味判断についてのこれら四つの特徴についてより詳しく見てみることにしよう。

2　美の無関心性

或る対象を美しいと判定する趣味判断は、あらゆる関心から自由な適意に基づいている。それに対して、感官に心地よい快適なもの（例えば、美味しい葡萄酒とか心を和ませる草原の緑色）での適意と、道徳的に善なるものでの適意は、前者が、欲望を喚起する享受の快であるかぎり欲望の対象への関心と結びつき、後者は、道徳法則によって規定される意志の対象（善なるもの）への実践的関心と結びついている。カントによれば、関心とは「対象の現実存在の表象と結びつけられる適意」（KU204）を意味し、対象の現実存在への欲求能力とつねに関係している。しかし趣味判断は、単なる快の感情にのみ基づく判断として対象の存在への欲求能力とは無関係である。

例えば、同じ花に接した場合でも、それを持ち帰って家に飾りたいとか人に見せたいという欲求を伴う関心を抱いて判断することとは異なるのである。あるいは、同一の建造物について、均整のとれたその形式を美しいと判断することと、その豪華さが権力者の虚栄の象徴だというように社会的関心のもとで見ることとは区別されなければならない。このように同一の対象に関しても、それを純粋に趣味の観点から判断する場合と関心をもって判断する場合とでは異なっている。趣味判断は、対象の表象を、客観の現実存在にではなく、主観の単なる心的状態に関係づけるのであり、対象の現実存在にはまったく無関心に対象をただ静観的態度において眺めて、対象の単なる形式を主観の快の感情に関連づける判断なのである。

ところで、趣味判断が欲望や社会的権威や道徳などには一切無関心な判断だというこの特徴づけは、カントの美の分析論にとってどのような意味をもつのであろうか。美の無関心性という彼の美学が後世の哲学者たちに及ぼした影響は計り知れないものがある。以下においてはこの問題について立ち入って考察してみよう。

思うに、カントがあえて趣味判断と関心の結びつきを遮断しようとしたということ自体が、逆に、彼自身が美と関心との根強い結びつきを強く意識していたことを裏づけてはいないのであろうか。現に彼自身は、この「美の分析論」の章につづく『判断力批判』の第四一節では、美しいものでの「経験的関心」について述べており、さらに第四二節では、経験的関心とは明確に区別される「知性的関心」を取り上げて、そこにおける美と道徳の不可分の結びつきを熱く語り、これを受けて『判断力批判』第一部の最後部の第五九節では、「美とは道徳性の象徴」だと認めるにいたっている。

このように、趣味判断を「一切の関心なし」として特徴づけておきながらも、他方でカントは、彼の哲学の最深部においては、美と関心との、そしてとくに、美と道徳との、表裏関係を強調しているということにもわれわれは十分留意する必要がある。というのもこのことこそが、前章で述べた自然と自由の統一という『判断力批判』の根本課題と関わってくることだからである。

あるいはまたより一般的な観点から見ても、われわれ人間の日常生活は、諸事物や世界への関心によってこそ本源的に突き動かされているのであり、関心なしには世界や他人や諸事物とのいかなる関係も成立しえないであろうし、このかぎりではむしろ、関心こそが人間と世界を結びつけている根源的絆であり、関心こそが人間存在の本質構造だと言えなくもない。

「一切の関心なし」という趣味判断についてのカントの特徴づけは、美を、そのような人間の本来的在り方を超絶した、いわば〈美のための美〉という自己目的的存在、ないしほかの一切の価値から独立な固有な存在として捉えようとするものだと言えるであろう。それと同時にカントにあっては、美と関心の関係は、容易に一筋縄ではゆかない複雑な問題を胚胎しているとも推察されよう。

ちなみに、美と関心の関係という問題は、カント自身においてのみならず、カント以後の哲学者のあいだでも大いに論争の的になっている。

例えば、カント美学の最初の継承者にして批判者であるシラーは、知性的関心を媒介にして美と道徳を架橋しようとするカント哲学の一面に触発されながら、カントにおける無関心的で無目的的な純粋美という美についての考え方を批判して、むしろ、美とは人間の自由が具体的に表現されたものだとして、美を「現象における自由（Freiheit in der Erscheinung）」だと定義し[2]、こうしてシラーは、美を、自然と精神の、あるいは感性と理性の統一体として捉え直す方向でみずからの立場を彫琢してゆこうとする。

他方、シラーとは反対にショーペンハウアーは、カントにおける美についての「無関心性」や美の純粋性を積極的に肯定しながら、主著の『意志と表象としての世界』において、欲望に執着している意志の解脱の一つの有力な方法として、芸術における美の観照を、世俗の一切の関心から解放された理念としてのイデアの観照と見なしている。彼は純粋な理念としての美自体の観照が、たとえ永続的な解脱の方法ではなく、それを観照しているあいだだけの一時的な解脱であると位置づけてはいるが、しかし美に対する彼の捉え方には、明らかに「一切の関心なし」というカントの趣味判断論からの強い影響が窺われる[3]。

あるいはまた、ショーペンハウアーのこのような芸術論に対して、ニーチェは彼の最晩年の著作『道徳の系譜学』の第三論文「禁欲主義的理想は何を意味するのか」の第六節において、美とはむしろ、大いに関心をかき立てるものであり、そしてそれこそがまた生への意志の証しでもあると語り、関心からの脱却を強調するショーペンハウアー自身こそが、実のところ、欲望の責め苦からの脱却という「関心」に突き動かされながら美を観照していたのだとして、ショーペンハウアーのカント美学の解釈の根底にカントにおける美の無関心性とは逆の立場が潜んでいることを、いみじくも指摘している。

このように、哲学史的に見ても、「一切の関心なし」というカントの趣味判断の特徴づけ、およびそれとは相容れないかのような、美と道徳の媒介者としての知性的関心についての議論は、後世の美学者や哲学者に大きな影響を及ぼしている。

3　主観的普遍妥当性

趣味判断の第二の特徴は、「一切の関心なし」という第一の特徴からおのずと明らかなことであるが、それは、或る個別的な対象で感じる美しさの適意が、たとえ自分自身で感じられるものではあっても感官の「快適さ」に伴う私的な関心から自由な適意であるかぎり、判断者は、ほかのすべての人も自分と同様の適意を感じるはずだと確信できるということ、すなわち自分が下す趣味判断とは、同時に万人に対する普遍妥当性を要求できる判断だということである。

ただしその際に注意しなければならないことは、その普遍妥当性の要求は、快の感情という主観的で美感的な根拠に基づく要求であって、けっして、悟性の必然的な概念や法則に基づく理論的認識判断とか、実践理性の道徳法則に基づく実践的判断におけるような、客観的普遍妥当性の要請ではないということである。つまり趣味判断は、「概念なし」にすべての人に妥当するという「主観的普遍性の要求」（KU212）ないし「すべての人の同意を求める正当な要求」（KU213）をもっているのであり、そしてこの点にこそ趣味判断の独特な側面が存すると言えよう。以下において、理論的な認識判断と比較しながら、この点についてより詳細に考察することによって趣味判断の独自性をさらに際立たせることにしよう。

まず、認識判断における客観的普遍妥当性とはどのような意味での妥当性なのであろうか。

認識判断は、本書第六章で述べたように、悟性のアプリオリな概念（カテゴリー）に基づくことによってその客観的妥当性が根拠づけられる。カテゴリーによってこそ客観および客観の認識が可能になるからである。しかもその際、他の人々も私と同一のカテゴリーに従って判断を下すかぎり、私の判断がほかのすべての人の判断と一致するのは当然であり、したがって認識判断の客観的普遍妥当性は、同時にまた、すべての人に対する主観的普遍妥当性でもある。言い換えれば、カテゴリーに基づいて理論的認識判断を下す判断者は、他者の同意・不同意を気にかけながら客観について判断する必要などはなく、むしろ判断を下す当初から彼は、他者の存在とか、あるいは、自己と他者の差異などには何らの顧慮を払うことなく、ただ悟性のアプリオリな法則に従って判断しているだけである。というのも認識判断にとっては、概念や法則に従うことこそが、判断の真理性にとっての可能性の条件だからである。ここにおいては、判断主観の感情や個別性や自他の差異性などははじめから捨象されており、したがってまた判断を下す主観が具体的に誰なのかという問題や、判断主観が身体をもってどのようなパースペクティブから対象や世界を経験するのかという問題などは、はじめから問題として意味をなさず、判断者は私であっても他者であっても同じことなのである。つまり認識判断における判断者とは、特有の視点から判断する各人なのではなく、判断者一般、主観一般あるいは意識一般なのである。カントはそのような主観を「超越論的統覚」と呼んだのである。

さらに言えば、判断者が個別的主観としてではなく、主観一般として判断を下すということは、判断される対象について言えば、その対象が特定の状況における個別的な対象としてではなく、状況の具体性をいっさい捨象された客観一般とか対象一般として理解されているということである。つまり認識判断の対象なり世界なりは、超越論的統覚によって必然的に規定されるかぎりでの対象一般であり、形式的な自然なのである。

こうして認識判断においては、主観一般と対象一般という一般性の次元において、判断の客観的妥当性および主観的妥当性が語られているのであり、したがってそこにおいてはまた判断の客観的普遍妥当性は、同時にすべての主観に対する妥当性を意味することになる。

それに対して、趣味判断における主観的普遍妥当性とはいかなる意味なのであろうか。

カントは、前述のように、趣味判断の第二の特徴として主観的普遍妥当性を挙げているが、しかしながら他方では、趣味判断はその本質的性格の一つとして、普遍妥当性とは相容れないかのような別の特徴、すなわち個別性という特徴をもっていることに注意しなければならない。

個別性という点に関して言えば、趣味判断は、まず第一に、「この対象は美しい」という判断形式をとることから明らかなように、或る特定の対象に関して「美しい」という述語を付加する「個別的判断」（KU215, 285）なのであり、けっして「すべてのチューリップは美しい」という「普遍的判断」（KU285）なのではない。第二に、趣味判断は判断者の快の感情に基づいて下されるのだが、その際に個別的対象において判断者が感じる快は、感覚的刺激による受動的で直接的な快適さの享受の快ではなく、また道徳法則に対する尊敬の感情というカントの実践哲学における独特の「自発的活動の快」（KU292）でもなく、個別的対象に対する静観における「単なる反省の快」（KU392）である。

第三に、趣味判断の依拠する快の感情が個別的だということはまた、当然のことだが、その快に基づいて趣味判断を下す判断者は、ほかの主観の判断に左右される判断者でもなければ、また認識判断における主観一般でもなく、あくまでも自己自身の抱く快の感情に基づいて判断する自律的な主観だということである。

このように趣味判断が、一方では主観的普遍妥当性の要求を掲げながらも、他方では個別性という特徴をもつということは、一見すると矛盾した事態だと思われるが、そもそも、趣味判断における個別性を含意した主観的普遍妥当性とはより内容的にはいかなる意味なのであろうか。いやそれどころか、或る事柄が個別的でありかつ普遍的でもあるなどということは、何かまったく理解しがたい事態を示しているのではなかろうか。

しかしながらカントにとっての趣味判断は、個別性と主観的普遍妥当性という矛盾しあうかのような二つの性格をともに有している。趣味判断は、例えば、特殊を捨象して普遍性の次元にとどまる認識判断や、あるいは個別性の次元にのみとどまって私的妥当性しかもたない感官判断や、さらには多くの客の満足のゆくような接待を心得ている人がもつような、比較的な普遍性をもつ経験的な社交的判断などとは異なり、個別性と普遍性、あるいは具体性と一般性という、相容れないかのような性格をみずからのうちで綜合させているという点にこそ、その独自性を有するのである。

以上の考察により、趣味判断は、個別性と普遍性という相容れがたい規定のいわば矛盾的統一体として、具体的普遍ないし普遍的具体という特有の性格をもつ判断だと言えるであろう。

4　目的なき合目的性

前述の趣味判断の第二の特徴づけによれば、美しいものでの適意（快の感情）は万人に対する賛同を要求するが、それではそもそものような要求はなぜ可能なのであろうか。

それは、与えられる表象を機縁として、すべての主観のうちに、「諸認識能力［構想力と悟性］の自由な戯れ」

（KU217）、ないし「構想力と悟性とが（これら二つが認識一般に必要であるとおりに、それらが互いに調和するかぎりにおいて）自由に戯れる心の状態」（KU217-218）が生じるからである。つまり美しいものでの適意は、自分一個における構想力と悟性の自由な戯れという感情状態でありながら、同時に、ほかのすべての人も同様に抱く感情だということを確信するがゆえに、趣味判断は万人への普遍妥当性の要求を掲げうるのである。

しかもこの「自由な戯れ」という心の状態は、構想力が一定の概念に従属する状態ではなく、しかしそうであるからといって、何らかの不定の概念なしのまったくの無秩序な混乱状態でもなく、むしろ、構想力が概念一般の能力としての悟性と戯れ、それによって構想力の生産性ないし創造性が活性化される状態である。それゆえそこでは主観自身の生命感情がますます促進され、主観はその美しいものにもっととどまっていようとする。美しいものは主観をこのような状態に置き移すがゆえに、主観にとって「合目的的」なのであり、また、その状態が一定の概念なしに生じるがゆえに、その合目的性は「目的なき」合目的性なのである。

構想力と悟性の自由な戯れは、例えば、認識判断におけるように悟性概念に構想力が従属するという仕方で両能力が客観的に一致するということではなく、むしろ、そこにおいてはいかなる一定の目的や一定の概念もあらかじめ前提されることなく、主観が戯れという心的状態に置かれるのであり、——というのも一定の目的や概念を前提する判断は論理的判断（認識判断）であって美感的判断ではないから——そうしてこの調和状態が、主観には快の感情と感じられ、合目的性の意識が生じるのである。こうして趣味判断における合目的性は、概念や目的なしの合目的性として特徴づけられることになる。

カントは、目的なき合目的性という趣味判断の第三の特徴を、「自由美」と「付属美」（KU229）という二種類の美の区別によって具体的に説明している。自由美とは、通常は対象において前提されるはずの一定の概念や目的から自由な美ないし純粋な美を意味し、付属美は、対象についての一定の概念や目的が美に先立つことによって、対象の認識判断にあとから付加された二次的なものとしての美のことである。

例えば、花を、その内的構造や機能といった生物学的な概念を前提せずにもっぱら趣味によって判断するときには、花についての純粋な趣味判断が成立する。あるいはまた概念や目的を前提しない額縁や壁紙の葉形装飾であるとか、さらには絵画や音楽のような芸術作品で言えば、具体的な人物像や形を描いたり、一定の主題を表現する曲ではなく、「素描」（KU225）とか「幻想曲」（KU229）などが、自由美の例として挙げられる。それに対して、例えば教会や宮殿などの建築物の美や、或る人間の美や馬の美などにおいては、その対象が何であるべきなのかという一定の目的なり概念なりが前提されるから、それらについての判断はけっして自由で純粋な趣味判断ではありえない。

こうしてカントは趣味判断の第三の特徴として、構想力と悟性の自由な戯れという心的状態に基づく「目的なき合目的性」を挙げるのである。

5　主観的必然性と共通感覚

趣味判断の第四の特徴としてカントは「主観的必然性」（KU237）を指摘するが、ここでの必然性とは、美しいものが適意の感情と必然的に関連するということ、言い換えれば、美しいものは必然的に適意の感情を生じさせるということを意味している。そしてまたこの必然性は、第三の特徴づけにあるように、構想力と悟性の自由な戯れに基づく適意に関して、万人の同意を要求しうる必然性でもある。

すなわち或るものが美しいという趣味判断を或る人が下す場合には、それとは異なる判断を許さず、ほかのすべての人もそのように判断しなければならないという必然性である。さらにこの必然性は、対象認識に際しての、悟性のカテゴリーが強制する理論的な客観的必然性でもなければ、道徳法則が意志を規定する際の、実践的な客観的必然性でもなく、概念や法則に強制されずに美しいものでの感情を判断者がすべての他者にも要求する主観的必然性である。

ところでそれでは、このように美しいものでの自分の快の感情を他の人にも要求する必然性は、どこにその根拠をもつのであろうか。この問いに対してカントは、「共通感覚（Gemeinsinn, sensus communis）」（KU238）ないし「共同体的感覚（gemeinschaftlicher Sinn）」（KU239）によって答えている。カントにとって共通感覚とは、例えば、イギリスのスコットランド学派の言う「常識（共通感覚）common sense」のように、経験論の立場における社会的、道徳的な意味合いをもたず、もっぱら美を判定する趣味のための根拠である。というのもカントは共通感覚を、趣味判断を可能ならしめる構想力と悟性の自由な戯れの結果として見なすからである（KU64[4]）。

注

（1）「思考法の革命」については、本書第六章第二節を参照。

（2）シラー『カリアス、あるいは美について』（岩波文庫版『美と芸術の理論』四三頁）。

（3）美における無関心性というカントの思想を、近代の主観主義的美学から存在論的美学への移行の一つの大きな契機として、より積極的に解釈しようとしているものとして、次の文献を参照されたい。『渡邊二郎著作集第十巻　芸術と美』（筑摩書房、二〇一一年）の「一　芸術の哲学」「第十四章　カントの『判断力批判』（その二）」。

（4）カント哲学全体の中に占める共通感覚の積極的意義については、拙著『経験と存在——カントの超越論的哲学の帰趨』の「第五章　共通感覚と超越論的哲学」、とくにその第五節を参照されたい。

第十三章　『判断力批判』（三）――美・芸術・道徳

一　趣味判断の演繹

1　演繹とは

前章で見たように、或るものは美しいと判定する趣味判断は四つの特徴をもつ。すなわち第一に、美しいものにおいてはそれに対する「一切の関心なしに」主観のうちに快の感情が生じるということ、第二に、趣味判断は自分一人が対象を美しいと感じるだけではなくほかのすべての人も同一の対象を同様に感じるはずだという主観的普遍妥当性の要求を含んでいること、第三に、美しいものでの快の感情は、構想力と悟性の自由な戯れという合目的的な心的状態に基づくのであるが、その合目的性は一定の概念や目的に基づかない「目的なき合目的性」であること、そして第四に、趣味判断における万人に対する同意の要求が主観にとっては「必然的」な要求だということである。

このようにして「美しいものの分析論」を展開したあとでカントは、趣味判断のこれらの本質的特徴がそもそもいかにして可能であるのかという問題、すなわち、趣味判断の主観的普遍妥当性や「目的なき合目的性」や主観的必然性といった要求がいかにして正当な要求と認められうるのかという問題――カントはこの問題を『純粋理性批判』における純粋悟性概念（カテゴリー）の経験的使用の正当化の問題と類比的に「趣味判断の演繹」と呼ぶ――を提示し、それに答えようとしている。

ちなみに、趣味判断における普遍妥当性や必然性の要求がいかにして可能であるのかを問う「趣味判断の演繹」は、「いかにしてアプリオリな総合判断は可能であるのか、という超越論的哲学の普遍的問題の一つである」(KU289)。つまり趣味判断の可能性への問いは『純粋理性批判』における「いかにして純粋数学が可能であるのか」とか「いかにして純粋自然科学が可能であるのか」という問い、および『実践理性批判』における「いかにして道徳法則が可能であるのか」という問いと同様に、カントの超越論的哲学の一環として位置づけられている。カントは趣味判断における普遍妥当性と必然性の要求をアプリオリな事実として認め、この事実の可能性の条件の探究を、アプリオリな総合判断としての趣味判断がいかにして可能であるのかという超越論的課題として引き受けようとしているのである。したがって「いかにして趣味判断が可能であるのか」という超越論的課題とは、ひとえに趣味判断のアプリオリ性、すなわち、趣味判断に含意される普遍妥当性と必然性の要求に関してその権利根拠を探究することにほかならない。

この課題に直接答えているのが「純粋な美感的判断の演繹」と題された箇所(第三〇節から第四〇節)である。十節あまりのこれらの箇所でカントの与えた答えとは、要するに、趣味判断における普遍性と必然性の要求は、趣味判断を可能にしている構想力と悟性の自由な戯れという主観的状態が「すべての人間にあって同一」(KU290Anm.)であるがゆえに、趣味判断を下す個人は、自分の判断の普遍性と必然性を万人に要求する権利をもつのだ、というものである。つまり私が花を見て「この花は美しい」と下す判断を、私以外のすべての人にも要求できる権利を私がもっているのは私もほかのすべての人も同一の諸認識力をもつからなのである。

2　演繹の不十分性

ところで「演繹論」においてカントの与えた解答は、はたして趣味判断の可能性の根拠に対する十分な答えと言えるのであろうか。

趣味判断とは、前章で見たように非常に独特な性格をもつ判断である。すなわち趣味判断は、認識判断のように判断主観と判断対象の個別性を捨象して対象を一般的かつ法則的に捉える判断でもなければ、感官判断のように個別的感覚にのみ執着して一般性をはじめから度外視するような判断でもなく、個別的であると同時に普遍的であるという相反するかのような性格をともに宿している判断である。ところが「演繹論」は、趣味判断の普遍性と必然性というアプリオリな側面にのみ着目して、その側面を「万人における諸認識力の同一性」という可能性の条件に基づいて証明しているにすぎず、それゆえ趣味判断の個別的かつ一般的という二面のうちの、一方の、一般性という側面のみを取り上げてそれの可能性の根拠を示したにすぎない。

したがって「演繹論」においては、趣味判断の個別性の側面、すなわち「この特定の花は美しい」という判断をほかでもないこの私が下すという側面にはことさら触れられないままであったと言えよう。言い換えれば、私が自分の判断に対して万人の同意を要求しうるのは、万人が「同一の」認識能力をもっているからだという理由によって演繹したとしても、このことは、けっして「私という個人がこの花について美しい」と判断することに万人も実際に同意することを保証するわけではないのである。

このことは少し反省してみれば誰にでも明らかなことであろう。というのも或るものを私が美しいと感じるからといって、万人もそのように実際に感じるかどうかは依然として確実なことではないからである。それどころか、特定のものに関して万人の感情の一致を主張することは、美しさの感情を、自然科学の理論的認識判断と同列なものと見なしてしまう誤りに陥りかねない。万人が特定のものを均一に認識する世界が理論的には可能であるとしても、均一に感じる世界に生きることなどは不可能なのではあるまいか。われわれはそのような世界には耐えられないのではなかろうか。

かくして、趣味判断の演繹によって演繹されたことは、私の趣味判断に万人も同意すべきだという要求を掲げることの権利でしかなく、けっして、特定の対象について私の判断と他人の判断が実際に一致することではない。他方、認識判断の場合には、前章で述べたように（第十二章第二節3）、客観についての私の判断と他人の判断は確実に一致するのであるが、それを保証するのが悟性のアプリオリな合法則性である。認識判断においては、この私が特定のパースペクティブにおいて判断するのではなく、私と他者の差異を超越した超越論的主観ないし超越論的統覚が判断するのである。

それに対して、趣味判断の判断主体は、超越論的統覚ではなく特定のパースペクティブをもった主観であり、それゆえこの個別的主観の下す趣味判断に関して、万人の同意の要求が権利上認められたからといって、万人がその判断に事実上同意することは保証の限りではない。

こうして「演繹論」だけでは、いまだ趣味判断の固有の性格、すなわち、個と普遍の統一体としての趣味判断という性格については十分に解明されたとは言いがたい。演繹論は、趣味判断における普遍的同意の要求の権利を保証しただけであって、趣味判断に固有の個別的普遍については何ら踏み込んだ議論をしていないのである。

3　範例的妥当性

それでは趣味判断に固有な個別的普遍における個別性とはどのような意味での個別性なのであろうか。それが、「この葡萄酒は美味しい」という感官判断のもつ個別性、つまり私的妥当性しかもたない個別性でないことは明らかであるが、それではどのような意味での個別性なのであろうか。

カントはそれを「範例的妥当性（exemplarische Gültigkeit）」（KU239）と表現している。範例的妥当性とは、純粋悟性概念に基づく理論的認識判断や道徳法則に基づく道徳的判断におけるような、客観的概念や法則に基づく厳密な意味での客観的な普遍妥当性とは明確に区別される。しかしまたそれはもちろん私的妥当性のことでもない。

趣味判断は、概念や法則のような一定の客観的原理に基づくのではないが、しかしながら、何らかの「主観的原理」(KU238)、「人が指示することのできない或る普遍的規則」(KU237)、「万人に共通な或る根拠」(KU237)、「共通感覚という理念」(KU237)、と深く関わっているのであり、範例的妥当性とは、趣味判断がこのような理念的なものの「一実例 ein Beispiel」(KU237) だということである。すなわち範例的妥当性とは、趣味判断が「一実例」としての個別的判断でありながらも、個別的なままにとどまる私的妥当性とは異なり、「或る普遍的規則」を表現ないし代表する実例だということを、そしてこの意味において趣味判断とは、個という実例を媒介にしての普遍の表現だということを意味している。[1] このような意味での範例的妥当性が、個と普遍の矛盾的統一体としての趣味判断における独特の妥当性概念なのである。

このことから予想されるように、趣味判断をより深く理解するためには、それを、たんに構想力と悟性との調和的関係として捉えるだけでは十分ではなく、さらには、理念に関わる能力も考慮に入れなければならない。そしてこのことがやがて、美と、美感的理念との、ひいては超感性的なものや道徳との関係にまで展開されてゆくことになるのである。それゆえわれわれは、個と普遍の統一体としての趣味判断をさらに追究し続けるためには、どうしても美についてのカントのさらなる議論、すなわち彼の「芸術論」、および趣味判断の「弁証論」にも足を踏み入れる必要がある。

二　芸術論

1　概念の描出としての芸術

　芸術美とは或る物の美しい表現（Vorstellung）である。（KU311）

　或る物の美しい表現とは、けっして、通常素朴に考えられているように実際の物そのものの単なる再現とか模写を意味するのではなく、正確に言えば、その物の「概念の描出（Darstellung）」（KU312）だということにほかならない。言い換えれば、芸術が本来的に描出するのは、現実の事実そのものではなく、事実とか物についての概念あるいは概念の可能性なのである。[2]

　芸術における物の概念の表示ないし描出について、カントは具体例を挙げながら次のように語っている。

　芸術は、自然の中の醜く不快なものを美しく描写する点においてその卓越性を示す。有害なものとしての、狂暴、病気、戦禍などが美しく［言葉で］描写され、さらには、絵画においてさえ表示される。……彫刻もまた、おのれの造形物によって、醜い対象を直接に表示することを避け、その代わりに、意に適うと思われる寓話や持物（Attribut）を通して、したがって理性の解釈（Auslegung der Vernunft）を媒介にしてたんに間接的に、……例えば、死を（美しい守護霊において）、戦闘精神を（軍神マルスにおいて）表示することができた。（KU312）

　芸術とは、現実を直接忠実に反映したり再構成するのではなく、言葉、絵画、彫刻などの表現手段を通して、現実物についての概念（美しい守護霊や軍神マルス）を、現実物についての芸術家自身の「理性の解釈」を通して、間接的に、しかも「美しく」表示する技術なのである。

2　経験界と超経験界の媒介

ところで、前記引用中の「理性の解釈」とはどういうことなのであろうか。芸術において働く「理性」とは何を意味しているのであろうか。カントは、既述のように、趣味判断の本質を構想力と悟性の自由な戯れという心的状態に帰しているが、趣味判断における構想力や悟性と芸術制作における「理性」とはどのように関連しまた異なるのであろうか。これらの問題を考察することによってカントの芸術論の核心へと迫ってゆくとともに、美の制作ないし創作である芸術と、美の静観的な判定である趣味判断との相違にも気づかされるであろう。

芸術は物についての概念の具体的・感性的な描出であるが、その際に前記のカントの例示で言えば、描出されるべきなのは、たしかに「死」や「戦闘精神」なのではあるが、しかしそれらは、概念として、つまり「美しい守護霊」とか「軍神マルス」という概念として「解釈」されることを通して描出されるのである。つまり「死」や「戦闘精神」という経験的なものが、芸術家によって「美しい守護霊」という超経験的な概念すなわち理念として「解釈」されることによって、言い換えれば、経験的なものと超感性的な理念とが芸術家の「解釈」を通して媒介されることによって芸術作品が生み出されるのである。しかもこの「解釈」が、たんに経験的次元においてのみなされるのではなく、経験的なものと超経験的なものを関連づけることによってこそなされるがゆえに、カントはその「解釈」を「理性の」解釈と呼んだのであろう。

このように芸術創作は、経験的なものにとどまり続けるのでも、逆に、超感性的なものへと飛翔してしまう――このときにはそもそも描出が不可能であろう。なぜならば描出とはあくまでも感性的な表現なのだから――のでもなく、「理性の解釈」による、経験と超経験のあいだの媒介によってこそ可能になると言えよう。

カントによればこの媒介には二つの方法がある。

一方は、死や戦闘精神、さらには例えば、嫉妬、背徳、愛、名誉などのように、その実例を経験のうちに見出せるものを、すなわち経験的概念を、「構想力を介して、経験の制限を越え出て、自然のうちにその実例を見出せないほどの完璧さ（Vollständigkeit）でもって、感性化する」（KU314）場合であり、他方は、極楽浄土、地獄、永遠性、天地創造などのように、経験のうちにはその実例が見出しえないような理性的諸概念を、非現前の現前化の能力である構想力を働かせて感性化・具体化・作品化する場合である。

芸術におけるこれら二つの方法は、一見するとたしかに異なっている。というのも、前者の場合には、経験的概念が、芸術家の「構想力を介して」経験のうちにその実例を見出せないほどの超感性的な「完璧性」にまで高められるのに対して、後者の場合には、極楽浄土という超経験的なものが「構想力を介して」経験的なものとして感性化されるからである。つまり前者は経験から超経験への方向であり、後者は超経験から経験への方向である。しかしながらこの両者は根本においては同一の構造をもつと見なしてよいであろう。なぜならばこれら二つの場合においては、経験的次元だけにとどまるのでも、あるいは、超経験的次元にのみとどまるのでもなく、経験的なものと超経験的なものとが「構想力を介して」媒介されることによって芸術創作が営まれているからである。このように芸術とは、経験的次元に惰性的に埋没してしまうことでないのはもちろんであるが、そうかといって経験界を離れて超経験的次元の高みに安住することでもなく、むしろ、両世界のあいだでたえず緊張を維持しつづける営みだと言えるであろう。

3　天才論

芸術におけるこのような営みを可能にするものとは何であろうか。あるいは、芸術家をして経験界と超経験界を媒介せしめる「構想力」とは何であろうか。

この問いに対してカントは、芸術における物の概念の表示ないし表現は「天才（Genie）の技術」（KU307）であり、芸術作品は「天才の産物」（KU307）だと答えている。カントは、感性的な物と超感性的なものを作品において媒介する技術は天才だ、という天才芸術論を説くのである。

天才は、みずからの産出的構想力に基づきつつ「実際の自然が構想力に与える素材から、いわば別の自然を創造することにおいて大いに力を振るう」（KU314）。芸術における構想力の生産性ないし創造性は、けっして無からの創造ではなく、現実が与える素材にあくまでも依存しているのであり、しかしその素材を前提にしながらも芸術は、素材に従属することなく、かえってその素材を契機として経験の新たな秩序づけを行う点にその「独創性」（KU308）を発揮するのである。天才は与えられた素材を、例えば、死や戦闘精神といった経験的概念を、たんに実例として経験に与えられるがままに直接的に模写して再現するのではなく、みずから新たな「規則を指定し」（KU308）、そうすることによっていわば惰性化した経験を「変形する（umbilden）」（KU314）ところに、その天才性を発現させる。

しかも天才による経験のこの変形ないし変身（メタモルフォーゼ）は、けっして奇を衒ったり、一定の目的や意図をもって作為的になされるものであってはならず、あくまでも「理性」に従う仕方での経験の組み変えである。そしてまたそうであるからこそ、天才の作品はまた「模範になり範例的」（KU308）たりうるのである。

われわれは、経験があまりにも日常的となるときには、構想力と戯れ、またたぶんそのような経験を変形さえもする。その変形はたしかにつねに類比の法則に従って行われるのではあるが、しかしそれでも、いっそう高く、理性のうちにある諸原理に従って行うのである。……そのときわれわれは（悟性の経験的使用に付着している）連想の法則から自由になったと感じ、その結果……自然の与える素材は、何か別なものへ、つまり自然を凌駕するものへと加工されることができる。（KU314）

三　美感的理念

芸術におけるこのような天才の営みを可能にするものとは何なのであろうか。言い換えれば、芸術表現の本質をなすものは何なのであろうか。カントによると、それは「美感的理念（ästhetische Ideen）」（KU314）にほかならない。

カントは理念を、美感的理念と理性理念の二種類に分けている。美感的理念とは、感性的・情感的なものに充満していて、思考にとっての多くの機縁を与えるものであるが、しかしこの感情の充溢に対しては、いかなる一定の思想や概念もこれを包摂することができないほどである。カントはこのような美感的理念を感性的に描出して作品化する能力を「構想力」に帰している。つまり構想力とは、一定の概念によっては規定しえないほど豊富な諸表象を直観的に感性化する能力なのである。他方、同じく理念と呼ばれながらも、美感的理念とは対をなしている理性理念とは、それに対してはいかなる直観（構想力の表象）も対応しえないような「概念」のことである。

ところで、美感的理念という言葉は『純粋理性批判』（および『実践理性批判』）におけるカントの考え方に照らした場合、まったく理解不可能な言葉だと言わざるをえない。というのも『純粋理性批判』の用法に従えば、理念とは、「規定」や「限定」を旨とする悟性概念を全体的・体系的に統制するような理性概念のみを意味しており、しかも理性概念とは経験の領域を超え出た全体的・根源的な理念に関わる概念であるがゆえに、それにはいかなる感性的直観も対応しえず、それゆえ、純粋悟性概念のように感性的自然において経験的に使用されることなどができない概念であったからである。他方、「美感的」ないし「感性的」という言葉は、理性の関わる超感性的領域ではなく、具体的個別的な領域にその位置を占める言葉だからである。かくして『純粋理性批判』での用語法を踏まえるかぎりは、「美感的」と「理念」という二つの言葉は、けっして一緒には用いられえない言葉なのであり、したがってそれらを結合した「美感的理念」という言葉は明らかに形容矛盾になってしまう。

しかしながら、『判断力批判』が「美感的理念」という形容矛盾するかのような術語を導入することによって芸術論を展開したということ自体が、この書物の独自性を物語っている。すなわちそこにこそ、カントの芸術論および『判断力批判』という書物が『純粋理性批判』や『実践理性批判』の思考様式では表現不可能な新たな視点を開示している所以がある。美感的理念は、理論的認識や実践的認識とは異なる芸術という独自の観方から、感性の領域と理性の領域、あるいは、自然の領域と自由の領域、さらには経験界と超経験界とを架橋する原理なのである。

カントは「概念の描出」の原理を、すなわち超感性的なものと感性的なものの媒介としての芸術の原理を、美感的理念に求め、またこの理念の能力を構想力に帰する。それというのも、芸術において働く構想力は、悟性の一定の概念や目的に従属するものではなく、むしろ悟性から自由に、それらの規定的概念や目的を超え出て理性能力と関係することができるからである。美感的理念は、

> 或る一定の概念の中にはけっして含み込めないほど多くのことを考えさせる誘因を与え、したがってその概念そのものを無際限に美感的に拡張するなら、この場合には構想力は創造的となり、知性的理念の能力（理性）を活動せしめることになる。（KU315）

こうして、死や戦闘精神のような経験的概念をその完璧性において感性化する場合であれ、あるいは、極楽浄土や地獄などの理性理念を感性化する場合であれ、それらの感性化は、その根底に、美感的理念という、産出的で創造的な構想力の表象を置くことによってこそ可能になるのである。

四　趣味判断と美感的理念

1　二律背反の解決の鍵としての美感的理念

前節においては、美感的理念が美の作品化としての芸術創造の根底に存することを見届けた。ところが、本書第十二章の「美の分析論」によれば、趣味判断の本質は構想力と悟性の自由な戯れに存し、それゆえ美（とくに自然美、例えば花や鳥の美しさ）の判定に関わる趣味判断は、美の創造としての芸術とは異なって、美感的理念とは何らの関わりもないもののように解されがちである。しかしながらカントは、趣味判断と美感的理念を無関係だと見なしていたわけではなく、それどころかむしろ、美感的理念は趣味判断の可能性の根拠なのだとさえ主張するにいたる。このことが明らかになるのが、『判断力批判』第一部の最後の部分である「美感的判断力の弁証論」の章である。

この箇所においてカントは、「趣味判断は概念に基づかない」という定立命題と、「趣味判断は概念に基づく」という反定立命題とのあいだに生じる二律背反について、両者がともに真でありうるという仕方でそれを解決する。

そしてその解決の過程において、趣味判断の成立根拠としての美感的理念の重要性について語り出すのである。すなわち、両命題のそれぞれにおける「概念」という言葉が、たしかに同一の意味に解されるかぎりは二律背反が不可避的なのだが、しかしながら両命題での「概念」は同じ意味なのではない。定立命題での「概念」とは、認識判断の可能性に関わる「一定の」悟性概念のことであり、その場合にはなるほど趣味判断は「一定の」概念には基づかないという定立命題が正しいことになる。他方、反定立命題での「概念」とは、「一定の」概念のことではなく、「不定の」ないし「未規定的な」概念としての理念を意味するのであり、そして趣味判断とはまさにこの「未規定的」概念——そしてこれこそが美感的理念にほかならない——に基づくことによって可能になるのであり、したがって反定立命題は正しい命題なのである。

趣味判断が基づく「未規定的」概念としての理念とは、カントによれば、芸術美の本質をなしている美感的理念にほかならない。つまり花や鳥を美しいと判断する際には、「一定の」規定的悟性概念に基づくのではないけれども、「未規定的な」概念としての美感的理念に基づいているのであり、そしてまたこの理念こそが、趣味判断における「構想力と悟性の自由な戯れ」をも可能にし、それの根底にあるものなのである。つまりこの理念がわれわれの諸認識能力の合目的的な調和的気分をも可能にするものなのである。カントはこの理念を、「(どんな悟性概念も達することのできない)主観のあらゆる諸能力の超感性的基体」(KU344)とも呼んでいる。

2　個別的普遍としての美感的理念

本章の第一節2で述べたように、趣味判断の「演繹論」は、趣味判断における普遍妥当性の要求の正当性を「万人における諸認識力の調和的一致の同一性」に求めたのであるが、趣味判断のこの演繹によっては、個と普遍の矛盾的統一体としての趣味判断の一面のみが、すなわち普遍性の側面のみが権利づけられたにすぎず、その意味では「演繹論」が個と普遍の統一体としての趣味判断を十分に基礎づけたことにはならなかった。ところが「弁証論」にいたると、趣味判断が美感的理念に基づくことが明確に語り出され、それによって、趣味判断における個別性の側面が、「一定の」概念のもとへの包摂ではないにしても、「不定の」理念という、より全体的地平のもとに位置づけられることになったわけである。つまり趣味判断が「美感的理念」という「不定の」全体的かつ統制的な概念に基づくということは、美感的理念が、一方では、「美感的」ないし「感性的」という契機においては趣味判断の個別性を、他方では、「理念」という契機においては趣味判断の概念的普遍的側面を、ともに可能にすることを意味している。こうしてカントは、趣味判断の根底に美感的理念を置くことによって、個と普遍の矛盾的統一体としての趣味判断を、認識判断や感官判断とは異なるその独自性に即しながら〈演繹〉しようとしたのである。

以上のように、芸術の根拠のみならず、趣味判断の根拠をも、美感的理念に求めることによって、美感的理念こそが、芸術美と自然美の双方を根底から支えるものだということになる。美とは、たんに個別的なものでもなければたんに普遍的なものでもなく、むしろ、個と普遍の統一体、いわば具体的普遍なのであるが、この具体的普遍としての美は、芸術美においても自然美においてもともに、美感的理念によってこそその可能性が示されることになる。それと同時に、個別的普遍としての趣味判断は、その個別的側面をけっして感性的なものによって支えられるだけではなく、またその普遍的側面を概念的なものによって支えられるだけでもなく、むしろ美感的理念によってこそはじめて基礎づけられるのである。

五　道徳の象徴としての美

1　美と道徳の両義的関係

美に対する関わり方としては、いままでは美の作品化ないし創造という仕方での芸術家の関わり方、および美の観照としての趣味判断における関わり方について論じてきた。ところが美に対する関わり方としては、さらに、特定の個々の対象の美の判定という趣味判断での関わり方だけではなく、美というもの一般の根拠について問うという仕方での関わり方も人間には可能なのであり、しかもこのときには、美と道徳との深い結びつきが明らかになってくる。

一般的に見れば、美と道徳は調和しあうどころか、むしろ相容れないものかもしれない。なぜならば美的感覚に優れた趣味人や芸術家は、往々にして美への情熱の激しさゆえにかえって反社会的になりがちであり、そのために他者との共同性を主眼とする道徳から逸脱したりそれを嫌悪しがちだからである。つまり日常的な感覚からすれば、美と道徳は親和するどころかむしろ相反するもののように見える。カント自身もまた趣味判断の四つの特徴を挙げたときに、趣味判断とは、判断対象の現実存在への思弁的関心であれ実践的関心であれ、いずれにしても「一切の関心なし」に美を純粋に静観する態度であることを力説していた。

ところがその当のカント自身が『判断力批判』第一部の後半部にいたると、「美しいものでの知性的関心」と題された第四二節やあるいは本章前節で考察した「弁証論」においては、美と道徳を峻別する観方とは異なって、逆に、両者のあいだの深い結びつきを語り、それによってまた自然と自由の調和を主張している。その際に彼は純粋な趣味判断においては退けた「関心」という主観の在り方を、独自の視点から再度取り上げ直し、美と道徳の根源的で必然的な結びつきを語り出している。本節ではこの点についてのカントの見解を考察することによって、『判断力批判』における根本課題である自然と自由の統一という問題に対して新たな光を投げかけてみることにしよう。

2　知性的関心

本書第十二章第二節2でも見たように、美と関心の関係という問題は、シラー、ショーペンハウアー、ニーチェなどのカント以後の哲学者たちのあいだでも多くの論争を巻き起こした問題であったのだが、あらためてその問題を考えてみよう。

はたしてわれわれは自然の美しい対象を見て、それを「一切の関心なしに」純粋な美そのものとして眺めることなどできるのであろうか。むしろわれわれは美しいものを前にしたとき、しばしば冷静な態度を失い、純粋な観照どころか逆に常軌を逸した行動に出てしまうことさえあるのではないだろうか。たしかにカントの言うように、趣味判断が純粋であるかぎり、それはいかなる関心をもその規定根拠にすることはできないのであるが、しかしまた同時に美しいものは見る者の心を揺さぶり、それの現実存在へとわれわれの関心を強く引きつけることも否定しがたいことではあるまいか。すなわち、なぜ、美がこの自然界に現に存在しているのであろうか。なぜ、それが無ではなく、美と感じられるのであろうか。このように、美しいものを前にしたとき、美が存在するということ自体に対してわれわれは大きな〈関心〉を抱かざるをえないのではないだろうか。

この意味での〈関心〉とはけっして欲望や傾向性と結びつくような経験的関心ではなく、むしろ自然の存在そのものへの関心、ないし自然の美の輝きへの関心、つまりは存在論的関心と呼びうるものであろう。カントはこのような関心を、経験的関心とは異なる独特な関心と見なして、それを「美しいものでの知性的関心」（KU298）と名づけている。

自然の美を静観し、自己のうちに構想力と悟性の合目的的な戯れを感じ取る人間は、たんに自然の個々の美に向かうだけではなく、個々の美をきっかけとして、なぜ、われわれの諸認識力が美においてそのように調和合致するのであろうか、さらには、なぜ、そのような美がそもそもこの自然のうちに存在するのであろうか、という問いかけを心底から発せざるをえない、とカントは考える。そしてこのような問いを発すること自体が、すでに美への「知性的関心」を抱いていることなのであり、このとき人は特殊な美を越えて、美一般の存在論的根拠への問いを発しているのである。この問いは、けっして感覚的な快適さや社交性に関わるような「美しいものに対する経験的関心」（KU296-298）に由来する問いではなく、むしろ、趣味判断を純粋に下すからこそ生じてくるような一種特異な関心なのであり、そしてカントはこのような関心を「知性的関心」と呼ぶのである。

知性的関心とは、花や鳥などの個々の自然美の判定に直接伴う関心ではなく――というのも、個々の自然美の判定は関心から免れているというのがカントの基本的考え方であるから――、むしろそのような個々の美を生み出した存在論的根拠としての自然そのものへの関心であり、「美しいもの一般への関心」（KU298）なのである。一定の概念や目的を前提にするかぎりでは観照することのできない美が、なにゆえに、この自然のうちに存在しうるのであろうかという驚きと賛嘆が、美一般の根底に存するものへの関心、すなわち超感性的なものへの「知性的関心」を呼び起こすのである。このとき人は、花や鳥という個々の具体的な個物を通してみずからを表現している自然そのものという「超感性的基体」（KU343）を可想せざるをえないのである。

さらにまた感性的自然の根源に対するこのような知性的関心は、同時にそのような知性的関心を抱きうる人間とはそもそも何なのであろうかというように、人間そのものの根源への知性的関心でもある。つまり自然の根源への関心は自然美を感得しうる人間存在それ自身の存在論的根源への関心でもある。

かくして、自然の個々の美を介して、自然および人間の、つまり、客観および主観の、根源に存する「超感性的基体」に対する知性的関心が呼び覚まされるのである。自然美を純粋に判定すること、つまり純粋な趣味判断は、自然の個々の美しいものに対する判断であるにとどまらず、「知性的関心」を介して、美的対象一般の根底に存するとともに感性的人間の根底にも存するところの「超感性的基体」へと結びついてゆくのである。

3　美と道徳

以上の考察から、美への知性的関心が道徳性につながることは容易に予想されうることであるが、この点についてカントは次のように語っている。

> 自然の美しいものに知性的関心を抱く人は、彼があらかじめすでにみずからの関心を道徳的に善なるもので十分に根拠づけておいたかぎりでのみ、そのような関心をもちうるのである。それゆえ自然の美に直接関心を惹かれる人にあっては、善き道徳的心情への少なくとも或る素質を推測しうる理由がある。（KU300-301）

自然の美についての純粋な趣味判断においては、知性的関心を媒介にして、全体としての自然そのものの根底にあるものや、自然を美しいと感じる人間存在の根底にあるものへと、そしてさらには道徳的に善なるものへと向かわざるをえないのであるが、それはなぜかと言えば、カントによれば、美しいものと善なるもののあいだには親和性ないし「類比」が存するからである。つまり超感性的なものとしての道徳的善は、美という感性的存在のうちに類比的な仕方で自己を具体化させているのであり、そのことをカントは、「美しいものは道徳的に善なるものの象徴である」(KU353)と表現している。美しいものについての趣味判断は、個々の美に停滞することなく知性的関心を惹き起こして、道徳性と象徴的に結びついているのである。

カントは『判断力批判』という書物を「美感的判断力の批判」と「目的論的判断力の批判」の二部構成として全体的に叙述したのであるが、自然と自由の統一というこの書の根本課題に答えようとするとき、彼がなぜ美感的判断力を重視し、また崇高についての判断よりも美についての趣味判断を主題的に論じたのかは、以上の考察からも明らかであろう[3]。

注

(1) 趣味判断における範例的妥当性とは、個という実例＝範例によって普遍としての理念を表現ないし代表することであり、この意味において、経験論者バークリの「一般観念(general idea)」(本書の序章第二節3「経験論」を参照)とは区別されなければならない。後者は、個別観念が別の個別観念を代表するだけであって、けっして個別が「共同体的感覚」に基づいて「共通感覚という理念」を代表するわけではないからである。また範例的妥当性は、認識判断における悟性法則の客観的妥当性からも区別されるような、共同的・相互主観的な一般性と関わる妥当性である。なお、範例的妥当性については、次の文献を参照されたい。

Hannah Arendt, *Lectures on Kant's Political Philosophy*, The University of Chicago Press, 1. ed. 1982, 1992, pp. 76-77 and pp. 79-85.(邦訳ハンナ・アーレント『カント政治哲学の講義』法政大学出版局、一九八七年、一一八～一一九頁および一二一～一三〇頁)

円谷裕二『経験と存在――カントの超越論的哲学の帰趨』(東京大学出版会、二〇〇二年)の第五章「共通感覚と超越論的哲学」および第一〇章「反省的判断力と超越論的哲学」。

(2) アリストテレスは、周知のように、彼の芸術論である『詩学』において、歴史叙述と詩ひいては芸術一般とを比較しながら、「詩は歴史よりもより以上に哲学的であり、より以上に荘重である。なんとなれば、詩は、普遍性を描き、歴史は、個性を描くからである」(『詩学』第九章、岩波文庫、七六頁)と語っているが、ここには、芸術を、現実の単なる再現ではなく、その可能性の、したがってまた概念の表現だと見なすカントの芸術論に通じるものを見てとることができるであろう。

（3）この点については、本書第十二章第一節5「趣味判断の優位性」の箇所を参照されたい。

第十四章　近代哲学の射程と反省的判断力

一　近代哲学の射程とカントの批判哲学

前章までは、カントの三批判書（『純粋理性批判』『実践理性批判』『判断力批判』）のそれぞれについて見てきたが、それらにおいてカントは、理論理性、実践理性、反省的判断力という三つの基本的能力について「批判」し、自然の認識に関わる理論的判断、意志や行為の道徳性に関わる実践的判断、そして自然の美や崇高に関わる美感的判断および有機体に関わる目的論的判断等々に関して、それらの判断の可能性のアプリオリな根拠を、自然の合法則性、道徳法則、自然の合目的性として明らかにした。言い換えればカントは、三批判書において「アプリオリな総合判断はいかにして可能であるのか」という批判哲学の根本的な問いを、それぞれの能力に基づく諸判断の可能性のアプリオリな根拠の探究という仕方で展開した。

このようにカントが、理論的判断のみならず実践的判断や美感的判断も含めた広い意味での判断一般ないし認識一般の可能性の基礎づけをみずからの哲学の主題に据えたという点において、彼の批判哲学を広義の知一般を基礎づける認識論として特徴づけることができるであろう。しかしまた人間と世界の関係の解明という古来よりの哲学の普遍的課題を、主観としての人間がいかにして世界を〈認識〉するのかという認識論的問題として捉え返すことは、カント哲学に限らず、近代哲学全般に通じる基本的特徴でもある。例えば、近代哲学の祖であるデカルトは、「方法的懐疑」を通して、自然学・機械学・医学・道徳などのあらゆる知についての絶対確実な第一原理を「私は思惟する、ゆえに私はある」という原理に見届け、その第一原理に基づいてすべての知を導出しようと目論んだし、また大陸の合理論とは対極をなすイギリスの経験論においても、ジョン・ロックは、合理論の立場とは異なって〈経験〉に立脚することによってではあるが、人間の知性（understanding）に経験的に与えられる知識一般の範囲と限界の解明を目指していた。この意味において両者は、認識論中心の近代哲学の一翼を担っていたと言えるであろう。

このように、近代哲学はその当初からカントにいたるまで、対象や自然についての認識一般がいかにして可能であるのかという認識論的問いを哲学の中心課題にしてきたと言っても過言ではない。しかもこのことは、西洋近代という時代を画する大事件である近代科学の登場と密接不可分に関係していた。近代という時代が古代や中世から区別されるのは、それまでの目的論的自然観とは異なる機械論的自然観を可能にした近代科学の出現によるところが大であるが、近代哲学は、この数学的自然科学に触発されながら、古代哲学や中世哲学とは根本的に異なる新たな知の在り方の哲学的基礎づけをみずからの使命としたのである。つまり近代哲学は、さまざまな知のうちでも、とくに数学的自然科学という科学知を特権的な知と見なし、その科学知の基礎づけという認識論的課題を中心に据えながら、実践知などのほかの分野の知さえをも基礎づけてゆこうとしたのである。

このような時代思潮の中にあってカントは、近代科学の基礎づけを近代のどの哲学者よりも徹底的かつ根源的に遂行した。しかしながら他方において彼は、われわれが前章までに見てきたように、たんに科学知の基礎づけに終始することなく、さらには科学知を可能ならしめた人間理性そのものをその根源性と全体性において「批判」的に吟味し、そうすることによって科学知の限界をも鋭く洞察するにいたった。彼は、対象や世界についての科学知が空間時間という感性形式において与えられる現象の世界にしか妥当しないことを明らかにし、現象世界を超えた領域への科学知の越権を強く戒めた。彼は因果必然的な自然現象とは根本的に異なる実践的行為の在り方を、自由概念によって基礎づけることによって、自然界とは異なる道徳の世界を打ち立て、自由の領域を、自然必然性の領域とは根本的に区別される領域として確保することができたのである。それどころかさらに彼は『判断力批判』においては、自然界と道徳界を統一する目的論的世界観を打ち出すにいたっている。

このようにカント哲学は、近代的人間主観と近代科学の深い結びつきをその根源から徹底的に「批判」し、それによって近代科学の限界を明確に画定し、それと同時に、近代科学を超える道徳や美の世界の可能性の根拠にまで批判哲学を広げかつ深めたのである。

本章においては、カント哲学を全体的に概観し、その現代的意義がどこに存するのかということについて考えてみたい。その際にカントが世界とわれわれの関係の仕方一般を広義の経験＝判断と見なしていることを踏まえて、彼の経験論＝判断論に焦点を絞って考察を進めることにしよう。

二　規定的判断力と反省的判断力

われわれが事物や他者や世界に関わるということは、カントによれば、それらについて経験することであるが、経験するとはまた彼においては経験の対象について判断することにほかならない。つまりわれわれは判断することを通して世界と根源的に関わっているのである。ところで判断するとはどういうことかといえば、それは、特殊と普遍を関係づけること、つまり、与えられるものとしての特殊を或る普遍的連関に組み入れることを意味する。例えば、「このものは白い」という判断は、「このもの」という特殊を、たんに特定の「このもの」だけではなく、ほかの諸事物にも適用可能な「白さ」という普遍的性質の中に位置づけることである。

カント哲学においては、特殊は主観に対して与えられるものであり、そのかぎりで特殊は主観の受動的側面に関わる。他方、普遍は、特殊を包摂するものとして、主観の自発的能動的側面に属している。経験とは、いかなる経験であれ、基本的に、受動性と能動性の、あるいは特殊に関わる直観と普遍に関わる概念の、共働から成立している。例えば、理論的認識判断は、直観の多様（特殊）を、空間・時間の感性形式において受容するとともに、それを悟性形式としてのカテゴリーのもとに包摂することによって成立し、また実践的判断は、或る行為や格率という特殊が法則という普遍のもとに包摂されるかどうかによって、その行為や格率が道徳的に正しいかいなかを判断し、あるいはまた趣味判断は、或る与えられた自然の対象（例えば花）を「自然の合目的性」の原理に基づいて美という普遍のもとに組み入れる。このように世界とわれわれとの関わり方が判断ないし経験であるとは、判断者であるわれわれが与えられる特殊を規則ないし原理である普遍と関係づけることである。そして特殊を普遍に関係づける能力、すなわち判断する能力が、判断力である。

カントは判断力を規定的判断力と反省的判断力の二種類に大別する。ということはまた、カントがわれわれと世界の関わり方として二種類の関わり方を認めているということにもなる。これら二つの判断力の違いについてカントは次のように語っている。

すなわち、「普遍（規則、原理、法則）が〔あらかじめ〕与えられている場合には、その普遍のもとに特殊を包摂する判断力は……規定的であり」、他方、特殊を包摂するための普遍があらかじめ与えられていず、「特殊だけが与えられていて、その特殊のための普遍が〔あとから〕見出されなければならない場合には、判断力はたんに反省的である」（KU179）。

特殊な対象について何らかの判断を下そうとする際に、普遍が、法則や原理としてあらかじめ与えられている場合に、つまりは普遍が判断者としての主観一般にあらかじめ備わっている場合に、その普遍のもとに特殊を組み入れながら判断するのが、規定的判断力である。

カントは規定的判断力による判断として、理論的認識判断と実践的判断を考える。例えば、理論的判断は、感性形式としての空間・時間と純粋悟性概念としてのカテゴリーという普遍のもとに、直観の多様を包摂することによって成立する。他方、純粋実践理性の道徳法則という普遍を基準にして、行為や格率の道徳的善悪を判定するのが実践的判断である。カントは、規定的判断力の原理としては、基本的には、自然現象の必然的認識に関わる空間・時間・カテゴリー、および行為の道徳性に関わる道徳法則との二種を認めることによって、法則に基づく確実な領域として、『純粋理性批判』においては自然の領域を、『実践理性批判』においては自由の領域を確立したのである。

ところがそれに対して、美的現象や有機体などの特殊の場合には、その特殊を必然的に包摂する普遍があらかじめ与えられていず、そのためにこれらの特殊は、判断力にとっては偶然的なものとして映じることになる。ところでわれわれ人間は、そもそも、そのような偶然的特殊に直面した場合に、その特殊に対してどのような態度をとっているのであろうか。つまりそのような場合にわれわれは対象とどのような関わり方をするのであろうか。この問題の根拠を尋ねることこそが『判断力批判』という書物の根本課題なのである。

例えば、その際にわれわれは一切の判断の不可能性を感じ取り、偶然的な特殊を偶然のままに放置しておくことができるのであろうか。言い換えれば、判断の停止はわれわれと世界との関わりの中断を意味するが、そのようなことがそもそもわれわれには可能なのであろうか。もし偶然的な特殊に関する判断が不可能であるならば、それは、特殊についての経験が不可能だということになるのだが、そもそも人間にとっていかなる経験も不可能なものなどが存在しうるのであろうか。もし存在するとすれば、そのものは、人間にとっての、〈純粋に偶然なるもの〉、いわば〈絶対的他者〉ないし〈絶対的に異なるもの〉であろう。さらに言えば、そのような〈絶対的他者〉とは、厳密に見れば、存在するともしないとも言いえないものであろう。というのも、たとえ前述定的ないし未規定的な仕方においてはあれ、それについて何かを経験しうるとすれば、われわれはそれについての何らかの判断を下しているはずだからである。したがって前述定的ないし未規定的な判断をも含めて一切の判断を拒絶する〈絶対的他者〉とは、われわれにとっては〈無〉としか言いようのないものとなるであろう。

カントはこのような意味での〈絶対的他者〉なるものを、つまりわれわれがまったく関係することができず、したがってまたあらゆる意味での判断を中止せざるをえないようなものを、みずからの哲学においては認めようとはしなかった。言い換えれば、人間というものは徹頭徹尾判断する存在者なのであり、与えられる特殊に関しては、いかなる仕方によってであれ、それを普遍的連関のもとにもたらそうとする存在者なのである。そうであるかぎり、与えられた偶然的特殊に関して、絶対的に判断を中止して、それを純粋に偶然のままに放置しておくことなどは不可能なのである。人間は、偶然的と見えるそのような特殊に関しても、それについて判断を下そうとする存在なのであり、そうであるかぎり人間は、偶然的特殊に対しても、それを包摂するための何らかの普遍をなんとしてでも「見出そう」とする存在なのである。このように、偶然的であるがゆえに判断が不可能と見える特殊に関しても、それを経験し判断するための普遍を見出して、それに関して判断を下そうとするのが、反省的判断力にほかならない。

以上のことからわかるように、反省的判断力とは、その根本において、判断の可能性と不可能性の狭間に、あるいは、存在と無の境界に位置づけられうるような能力なのである。この意味において反省的判断力は、一方では、判断する能力としての認識論的意義をもちながらも、他方では、より根源的には、純粋偶然としての無を無のままに放置せずにそれを存在化するという意味において、優れて存在論的意義をもつものだと言えるであろう。

カントは、『純粋理性批判』の前半部分においては、数学的自然科学という近代に特有の知を哲学的に基礎づけた。それによれば人間主観は、悟性の与える自然法則という普遍をあらかじめ携えながら自然に立ち向かうことによって、所与（特殊）の自然をこの自然法則という普遍のもとに必然的に従属させ、それによって科学知を可能ならしめるのであるが、この科学知の根底においてこそ規定的判断力の働きが十分に発揮されうるのである。

ところがそれに対して、科学的には認識できない美的現象などの特殊に関わる反省的判断力は、自然科学の基礎づけを主要な哲学的課題だと自負する近代哲学にとっての、いわば鬼子と言えるようなものであろう。なぜならば判断者のあらかじめ有する普遍的な原理によって必然的に規定できない存在や世界を認めることは、科学知の不十分性を逆証することになってしまうからである。この意味においては、反省的判断力について徹底的に吟味することが、逆に、近代哲学そのものの限界や問題点を浮き彫りにする重要な手がかりにもなろう。近代哲学を反省し、さらにはその問題点を克服する視点を獲得するために、次節では反省的判断力についてさらに詳しく検討してみることにしよう。

三　反省的判断力

1　理念としての普遍

理論的認識判断におけるように、規定的判断力が働く場面での特殊とは、あらかじめ与えられている普遍に必然的に包摂されるべき特殊であり、したがってそれは、実のところ、普遍の単なる一要素ないし一契機にすぎない。その際の特殊とは、普遍のもつ一般性や形式性に従属するものとして、内容的な多様性と差異性が捨象され、たんに抽象化された可能的な特殊であるにすぎない。規定的判断力による判断（規定的判断）は、「経験の可能性」という観点から特殊を判断する可能的判断なのである。

それに対して、反省的判断力が働き出す場での特殊とは、無限の多様性と差異性に満ちており、そのためにそれを包摂する普遍がただちには見出しえず、特殊は判断者にとって偶然的なものと映じてしまう。それにもかかわらず反省的判断力は、規定的判断力のように、特殊を抽象的に形式化して包摂しようとはせず、あくまでも特殊をその多様性と差異性のままに判断しようとする。まさにこの点にこそ、規定的判断力とは異なる反省的判断力に固有の働きが存すると言えよう。したがって反省的判断力による判断（反省的判断）は「経験の現実性」という観点から特殊を判断する現実的判断だと言えるであろう。

それでは多様性と差異性のままに特殊を包摂しうるような普遍とはいかなる普遍なのであろうか。この問題に関しては、本書第十三章第四節における趣味判断についての考察がすでに答えを示唆している。すなわちその際の普遍とは、特殊を「一定の」限定的な仕方で包摂するような普遍ではなく、特殊に関わる構想力を悟性の概念的強制力から自由にするような普遍、つまり「不定の」無限定的な普遍でなければならない。カントによれば、趣味判断の場合のそのような普遍とは「美感的理念」にほかならなかった。つまり多様性と差異性のままに特殊を包摂しうるような普遍とは、特殊を「一定」の仕方で限定・規定してしまうような普遍ではなく、無限定・未規定的な仕方で特殊を包摂するような普遍として、理念的・全体的なものでなければならない。このような意味における普遍によってこそ、特殊は、その多様性と差異性という具体的現実性に即しながら判断されうることができるのであり、そしてまたこのような普遍を反省的に見出して特殊を判断するものこそが、反省的判断力なのである。

2　反省的判断の具体例——医師の判断（診断）

カントは反省的判断力による判断として『判断力批判』においては趣味判断や有機体についての目的論的判断を念頭に置いていたが、しかしながら、実のところ、規定的判断力による理論的認識判断や実践的判断以外の多くの判断、すなわち、われわれ人間が日常の営みの中の特定の状況下においてそのつど下している判断もまた、例えば、政治的判断、過去や現在の出来事についての歴史的判断、あるいは法的判断（判決）等々もまた、規定的判断というよりも、固有の状況の中で自己に出会われる偶然的な特殊を前にして、それにたじろぎながらもそのつどその特殊を反省し、その特殊を包摂するための理念的普遍を見出してゆくという反省的判断に含めることができるであろう。例えばその一例として、医師の判断（すなわち診断）を挙げることもできよう。

　医師は、たしかに、さまざまな病気についての医学上の一般的知識をあらかじめ十分に頭の中に詰め込んではいるが、しかしながら彼は、その既知の普遍的概念や知識からだけでは或る特定の患者の症状（特殊）に対してどの病名が具体的に適用可能なのかどうかを決定することはできないであろう。なぜならばその患者の症例は、あらかじめの「一定の」普遍的知識には包摂しえない無限の多様性（例えば、患者固有の体質とか、その症状が発生した固有の風土および特定の衛生状況などの偶然性）を含む特殊と見なしうるからである。逆に言えば、この患者の症状についてそれを包摂しうるような普遍、すなわちこの症状に適用可能な医学上の病名がたとえ存在しうるとしても、その普遍はけっして規定的判断力における法則や原理のような一定の限定的な普遍とは見なしえないはずである。むしろこの場合の普遍とは、規定的判断を可能にする普遍ではなく、蓋然的な判断を可能にする普遍であろうし、したがってまた「一定の」普遍ではなく「不定の」普遍でなければならない。つまり特殊のもつ無限の多様性と差異性をその固有性に即しながら判断する反省的判断とは、客観的必然性をもつ可能的判断でも規定的判断でもなく、蓋然的で未規定的な判断なのである。

　このように医師の診断（判断）とは、趣味判断と同様に、規定的判断力による判断ではなく、理念的普遍によって統制される反省的判断の一例だと言えよう。診断にはつねに誤診が付きまとうのも、診断が「不定」の普遍に基づく蓋然的判断のゆえである。そしてまたこの点からすれば、例えば、特定の事件に関してつねに誤審の危険にさらされている裁判官の判断（判決）もまた反省的判断だと言えるであろう。

　医師や裁判官は、一方では、医学的知識や法律上の知識という既知の限定的な普遍を携えながら、他方では、あらかじめ与えられている「一定の」普遍にただちには包摂しえないほどの多様性と差異性を含んだ特殊な症状なり特殊な事件に直面して、その偶然性にたじろぎながらも、しかし彼らは、両者を媒介しうる第三者として「不定の」普遍ないし統制的な理念を、反省的判断力の反省作用によって発見し、その理念に基づいてはじめて特殊に対して判断（診断・判決）を下しうるのである。

「不定の」理念的普遍に基づくことによってしか特殊に対して判断を下せないということは、その判断が必然的で確実な判断ではありえないことを意味している。言い換えれば、反省的判断はつねに仮説的であって、つねに誤謬の危険にさらされており、またつねに未完結な判断なのである。ただし、仮説性、誤謬の危険性、未完結性という諸特徴は、けっして反省的判断力の欠点だと解するべきではない。というのもこのような諸特徴は、反省的判断があくまでも「不定の」統制的理念に基づく判断だということに由来するかぎり、下された或る反省的判断は、その理念へ向かっての一里塚でもありうるからである。例えば、或る特殊な事件についての判決が以後の判決のための判例（模範）となることによって法体系の全体という理念を補完してゆくことができるのも、下される特定の判決が法の理念を背景に宿しながらの仮説性や未完結性という性格をもつ判断だからである。

カントによれば、反省的判断力については、それの用い方を、けっして一般的な知識としてあらかじめ教え込むことのできるようなものではなく、むしろ、反省的判断力とは、天賦の才のような「自然の賜」ないし「生来の才知という独特なもの」（B172）なのである。前章で述べたように、カントが反省的判断力に基づく芸術の創造を天才に帰したのも、反省的判断力が「自然の賜」だからであろう。またそのような判断力を習得するためには、既知の知識の単なる詰め込みではなく、特殊な症例や事件についての経験の積み重ねによって判断力をじょじょに錬磨してゆくしかない、ともカントは語っている。

以上のように、カントは判断力の働きを二種類に区別するのであるが、一方の規定的判断力は、理論的認識判断においては、悟性の法則という「あらかじめ与えられた普遍」のもとに特殊を包摂することによって真なる判断を下し、あるいは、実践的判断においては、道徳法則という「あらかじめ与えられた普遍」のもとに、可能的行為や格率を包摂することによって善なる判断を下しうる。ところが経験の特殊な状況において「あらかじめ与えられる特殊」は、多様で豊かな内容に満ちているために「一定の」法則や原理のうちには包摂しえないものであり、特殊のこのような偶然性を救うためには、「一定の」普遍ではなく、より包括的で未規定的な理念が発見されなければならない。豊富な内容をもつ特殊を包摂しうるこのような理念は、「一定の」普遍とか法則として「あらかじめ与えられている」ものではなく、所与の特殊に即しながら、天賦の才によってあるいは経験の積み重ねによってそのつど創出されなければならないのであり、そしてこのようにして所与の特殊に関して判断を下す判断力こそが、反省的判断力なのである。

四　近代哲学を超えて

規定的判断力によっては包摂しえない個別的で偶然的な特殊を、自然美や有機体の現象のうちに見届け、そのような特殊に関して、それの包摂がいかにして可能であるのかを問うことこそが、「反省的判断力の批判」としての『判断力批判』の主題であった。しかも反省的判断力の働きは、自然美や有機体についての判断に限られるものではなく、前述のように、医師の診断や裁判官の判決などもまた反省的判断力なくしては不可能である。いやそれどころか、日常生活の特定の状況においてそのつど下される日常的判断もまた、厳密に見れば、「一定の」法則に基づく理論的認識判断などではなく、むしろ「不定の」統制的な理念に基づく反省的判断に含めることができるであろう。

このように見てくると反省的判断力の関わりうる領域は非常に広い。しかしながら単なる対象領域の範囲の広さということにとどまらず、反省的判断力の働きは、規定的判断力の関わる認識論的次元——この次元こそが近代哲学がことさら基礎づけようとした科学知の次元である——の根底において、世界とわれわれとの関わり方を根源から支えているものなのではなかろうか。言い換えれば、規定的判断力による理論的認識としての自然科学的認識は、世界に関わるわれわれの在り方を、「一定の」法則に基づいて精密かつ正確に捉えるものだとは言えるのだが、しかしまたそのような捉え方が可能になるのも、科学知が、特殊が与えられる具体的状況や特殊のもつ多様性や差異性を捨象するからなのである。理論的認識の根底において、特殊をその特殊性に即しながら全体的かつ理念的に判断しようとする反省的判断力が働いているからこそ、そのような働きからの抽象化として規定的判断力は成立しうるのである。その意味において反省的判断力は、近代哲学の認識論を背景から支え、それによってまた近代哲学を超える次元を開示し、世界とわれわれとの関わりについての存在論的意義に気づかせてくれるものなのである。[1]

注

（1）近代哲学の限界とそれを超える試みについては、本書第十一章第三節をも参照されたい。

あとがき

本書は、二〇〇三年三月に放送大学教育振興会より刊行された拙著『近代哲学の射程――有限と無限のあいだ』に加筆や字句修正さらには注の補足を施し、またタイトルについては本書の内容をより直接に反映するものに改めた。

旧著は、放送大学のラジオ放送での授業の印刷教材として使用されたものであるが、すでに何年も前より入手が困難になり、その間にありがたいことに多くの同学の士や学生のみなさんから再版のご要望をいただいてきた。そのために筆者は、旧著全体をあらためてたんねんに見直したうえでなおかつ現在においても江湖に問うに値するものと判断し、本書を上梓することに意を決した。

このたび本書の出版を快諾して下さった北樹出版の木村慎也社長、ならびに校正や索引作成においてご尽力を賜った編集部の古屋幾子様には心より感謝申し上げる。

二〇二〇年一月

円谷　裕二

ナ　行

ハ　行

マ　行

ヤ　行

ラ　行

ワ　行

人名索引

ア　行

カ　行

サ　行

タ　行

著者紹介

円谷　裕二（つぶらや　ゆうじ）

1952 年　福島県いわき市生まれ
1982 年　東京大学大学院人文科学研究科博士課程満期退学
信州大学助教授、九州大学大学院哲学講座教授を経て
現在　九州大学名誉教授

主要業績
著書
『経験と存在―カントの超越論的哲学の帰趨』（東京大学出版会、2002 年）
『近代哲学の射程―有限と無限のあいだ』（放送大学教育振興会、2003 年）
『知覚・言語・存在―メルロ＝ポンティ哲学との対話』（九州大学出版会、2014 年）
編著
『現代カント研究 5　社会哲学の領野』（晃洋書房、1994 年）
論文
“Sur la relation entre le monde vécu et le sujet corporel dans la philosophie de Merleau-Ponty”, *Annual of Philosophy*, No.74, 2015, Kyushu University
"Faktum der Vernunft" als Überwindung des Dualismus in Kants Ethik, *Annual of Philosophy*, No.75, 2016, Kyushu University
「哲学と政治―ハンナ・アーレントの行為論に即して」九州大学『哲學年報』第 76 輯、2017 年
「カントの超越論的哲学からアーレントの政治哲学へ―根源悪と人権概念をめぐって」九州大学『哲學年報』第 77 輯、2018 年
その他

デカルトとカント――人間・自然・神をめぐる争い――

2015年11月 1 日　初版第1刷発行
2021年 4 月 1 日　初版第4刷発行

著　者　　円　谷　裕　二
発行者　　木　村　慎　也

・定価はカバーに表示　　印刷　シナノ印刷／製本　新里製本

発行所　株式会社　北　樹　出　版

〒153-0061　東京都目黒区中目黒1-2-6
電話(03)3715-1525(代表)　FAX(03)5720-1488

ISBN978-4-7793-0477-4